GUIDE
DES SOCIÉTÉS HOLDING
EN EUROPE

CHEZ LE MÊME ÉDITEUR

Titres parus dans la collection "Entreprise"
dirigée par Jean-Claude Viarnaud, *membre de Price Waterhouse*
- Les caisses d'épargne en Europe : Pierre Gaudez et Pierre-Henri Scacchi.
- OPA et stratégies anti-OPA - Une approche internationale :
  Philippe Agnellet, Laurent Geoffroy et Jean-Claude Viarnaud.
- Les comptes annuels en 30 jours, Antoine Reiss.
- Le guide fiscal international : Pierre-Michel Boutin.

Titre paru dans la collection "Entreprise et stratégie mondiale"
dirigée par Jean-Claude Viarnaud, *membre de Price Waterhouse*
- Réussir au Royaume-Uni : A. Caron, P. Chaussepied, P. D'Hont, C. Marcellin et P. Cussons.

A paraître
- Réussir aux Etats-Unis.
- Réussir en Allemagne.

Titres parus dans la collection "Économie contemporaine"
dirigée par Didier Marteau
- Les marchés à terme d'instruments financiers : Catherine Lubochinsky, Didier Marteau et al.
- Le monétarisme : Paul-Jacques Lehmann.
- Les options de change : Odile Lombard, Didier Marteau.
- Currency options - Henry K. Clasing, Jr., Odile Lombard, Didier Marteau.
- Les chômages : Jean-Marie Le Page.
- Le nouveau cambisme : Patrick Gillot, Daniel Pion.
- Marchés internationaux des capitaux : François Leroux.
- Le marché international de l'or : Christos Kissas.
- Le guide ESKA des marchés de capitaux : Didier Marteau et al.
- Les taux d'intérêt : Jean-Pierre Gourlaouen, Faouzi Rassi, Guy Mercier.
- Le marché obligataire : Bernard Oudet.
- La comptabilité des opérations en devises : Daniel Boussard, Jean-Claude Sléziak.
- Marché et gestion obligataires : Guy Hérouard, Faouzi Rassi, Guy Mercier.
- Mathématiques des marchés financiers : Jean-Marcel Dalbarade.
- La titrisation : Philippe Cassette, Charlotte Ferté.
- La gestion du risque de taux d'intérêt : Renaud Baboin, Jean-Gil Saby.
- BELFOX - La bourse belge des futures et options : Alain Ruttiens.
- Titrisation - Gestion financière de la banque : Michèle Ceresoli, Michel Guillaud.
- Comment lire les pages boursières : Didier Marteau et al.
- Les Swaps : Michel Anastassiades et Philippe Parant.
- Las opciones en divisas : Jean-Pierre Soto, Didier Marteau, Odile Lombard, Jérôme de Bontin.

A paraître
- Gestion des risques sur opérations de marché - Didier Marteau et Emmanuel Rousseau.

Titres parus dans la collection "Finance Exercices et Corrigés"
dirigée par Alain Chevalier
- Exploitation et trésorerie, tome 1 : Alain Chevalier et al.
- Investissement et financement, tome 2 : Alain Chevalier et al.

Titres parus dans la collection "Pratique de l'Économie"
dirigée par Didier Marteau
- Gestion comptable d'entreprise : Erik Gabison.
- Les retraites - Bruno Renard.
- Les Etats du Golfe, de la prospérité à l'implosion - Farhad Rad-Serecht.

Titres parus dans la collection "Sciences de l'Organisation"
dirigée par Gilles Amado
- Images de l'organisation : Gareth Morgan.
- L'individu dans l'organisation, Les dimensions oubliées - Jean-François Chanlat.
- Le paradoxe d'Icare ou comment les entreprises se tuent à réussir : D. Miller.

A paraître
- Convergence des buts : M. Fiol.
- Les organisations du possible : A. Sole.

Titres parus dans la collection "Essai"
- Le vertige de Narcisse, voyage dans l'incertitude contemporaine : F. Valérian.
- La guerre du commerce mondial, forces et faiblesses des Français à l'étranger : Jacques Marcelin.
- La culture réseau, éthique et écologie de l'entreprise : G.Y. Kervern.
- Le choc des cultures, management interculturel et gestion des ressources humaines : P. Deval.

A paraître
- Les rouages de l'Etat : Pierre Pougnaud.

Titres parus dans la collection "Marketing"
- Marketing industriel : de la stratégie à l'opérationnel : Jean Longatte.
- Marketing opérationnel : liaisons et interfaces dans l'entreprise : Jean-Jacques Croutsche.

Titres parus dans la collection "Garf" "Groupement des animateurs et responsables de formation"
dirigée par Gilles Laporte
- Plan et besoins de formation : Joël Striff.
- Les actions de qualification par alternance : Francis Benteux.

Titres parus dans la collection "Théorie et Recherches"
- Finance internationale : Jean Mathis.
- Petite entreprise et développement local : Colette Fourcade.

Titres parus dans la collection "Commerce international"
- Moyens et techniques de paiement internationaux : Didier-Pierre Monod.
- Techniques administratives du commerce international : Didier-Pierre Monod.
- Management des opérations de commerce international : Arlette Combes-Lebourg.
- Management des opérations de commerce international - corrigé : Arlette Combes-Lebourg.

A paraître
- L'action commerciale à l'international : Didier-Pierre Monod.

Titres parus dans la collection "Gestion"
dirigée par Gérard Melyon
- Gestion financière : Anne-Marie Keiser.
- Gestion financière corrigé : Anne-Marie Keiser.
- Economie d'entreprise : organisation, gestion, stratégie d'entreprise : Martine Reuzeau.

A paraître
- Comptabilité DPECF : Jean-Pierre Gorgeard et Gérard Melyon.
- Comptabilité analytique : Valérie Fernandez, Farouk Hemici et Gérard Melyon.
- Les points clés de l'épreuve de synthèse en économie et comptabilité du DESCF :
  Dominique Fabre, Pascal Fabre et Pierre Lecocq.
- Mathématiques du DPECF, Gérard Mirval et Marie-Paule Guyard.

Tous droits de traduction, d'adaptation et de reproduction par tous procédés réservés pour tous pays.

La loi du 11 mars 1957 n'autorisant, aux termes des alinéas 2 et 3 de l'article 41, d'une part, que les "copies ou reproductions strictement réservées à l'usage privé du copiste et non destinées à une utilisation collective" et, d'autre part, que les analyses et les courtes citations dans un but d'exemple et d'illustration, "toute représentation ou reproduction intégrale, ou partielle, faite sans le consentement de l'auteur ou de ses ayants droit ou ayants cause, est illicite" (alinéa 1er de l'article 40).

Cette représentation ou reproduction, par quelque procédé que ce soit, constituerait donc une contrefaçon sanctionnée par les articles 425 et suivants du Code pénal.

© EDITIONS ESKA 1994
ISBN 2-86911-194-0

Siège social : Distribution et Vente
Editions Eska - 27, rue Dunois, 75013 Paris. Tél. : (1) 44 06 80 41 - Fax : (1) 44 24 06 94

COLLECTION "ESKA - DROIT ET GESTION"
dirigée par Hervé Bidaud
Société d'avocats Arthur Andersen International

GUIDE DES SOCIÉTÉS HOLDING EN EUROPE

HERVÉ BIDAUD
Associé
Société d'avocats
Arthur Andersen International

EDITIONS ESKA
1994

A notre connaissance, et à la date du 1ᵉʳ décembre 1993, les informations contenues dans ce guide sont exactes. Toutefois, la consultation de cet ouvrage ne dispense, en aucune façon, de recourir aux conseils d'un professionnel.

This guide is correct to the best of our knowledge and belief at the time of going to press. It is however intended as a general guide, so it is recommended that specific professional advice is sought before any action is taken or refrained from being taken. Unless otherwise stated, the information in this guide is correct as at 1 december 1993.

PLAN DE L'OUVRAGE

CHAPITRE 1 : LES POINTS CLÉS 15
1. Objectifs 17
2. Résumé 19
3. Résultats 23

CHAPITRE 2 : TABLEAUX COMPARATIFS 25
Préambule : Mode d'emploi 27

1. Remontée des dividendes 29
1. Actionnariat français 29
    1.1 Groupe purement français 29
        1.1.1 Objectif : autofinancement au niveau du holding français tête de groupe 29
        1.1.2 Objectif : redistribution des dividendes aux actionnaires français finaux 29
    1.2 Groupe multinational 30
        1.2.1 Objectif : les dividendes sont conservés au sein d'un holding français tête de groupe 30
            1.2.1.1 Synthèse des flux disponibles pour autofinancement au niveau du holding français tête de groupe 31
            1.2.1.2 Détail des flux : détention directe des filiales par le holding français tête de groupe 31
            1.2.1.3 Détail des flux : interposition d'un holding français de participations étrangères 32
            1.2.1.4 Détail des flux : interposition d'un holding belge 33
            1.2.1.5 Détail des flux : interposition d'un holding luxembourgeois 33
            1.2.1.6 Détail des flux : interposition d'un holding néerlandais 34
        1.2.2 Objectif : redistribution intégrale des dividendes aux actionnaires français 35
            1.2.2.1 Objectif : redistribution intégrale aux actionnaires 35
            1.2.2.2 Détail des flux : détention directe par le holding français tête de groupe (holding français de droit commun) 37
            1.2.2.3 Détail des flux : détention directe par le holding français tête de groupe (holding français de participations étrangères) 38
            1.2.2.4 Détail des flux : interposition d'un holding belge 39
            1.2.2.5 Détail des flux : interposition d'un holding luxembourgeois 40
            1.2.2.6 Détail des flux : interposition d'un holding néerlandais 41
2. Joint-venture 41
    2.1 Objectif : les dividendes sont redistribués aux investisseurs intervenant via un holding néerlandais 42
        2.1.1 Synthèse des revenus perçus par les investisseurs intervenant via un holding néerlandais 43
        2.1.2 Détail des flux : holding français de droit commun 43
        2.1.3 Détail des flux : holding français de participations étrangères 44
        2.1.4 Détail des flux : holding belge 44

  2.1.5 Détail des flux : holding luxembourgeois 45
  2.1.6 Détail des flux : holding néerlandais 45
 2.2 Les dividendes sont redistribués aux actionnaires américains............................. 46
  2.2.1 Synthèse des revenus versés aux actionnaires américains 46
  2.2.2 Détail des flux : holding français de droit commun 47
  2.2.3 Détail des flux : holding français de participations étrangères................. 48
  2.2.4 Détail des flux : holding belge... 48
  2.2.5 Détail des flux : holding luxembourgeois 49
  2.2.6 Détail des flux : holding néerlandais 49
3. Synthèse des performances par holding 50
 3.1 Holding français de droit commun 50
 3.2 Holding français de participations étrangères... 50
 3.3 Holding belge 51
 3.4 Holding néerlandais 51
 3.5 Holding luxembourgeois (SOPARFI) 52

2. Caractéristiques des différents holdings 53
1. Environnement fiscal 53
2. Imposition des dividendes 54
3. Retenues à la source 56
4. Plus-values et moins-values de cession 57
5. Aspects juridiques 58

3. Tableaux de synthèse 61
1. Palmarès des différentes localisations : tableaux de remontée des dividendes 61
 1.1 Dividendes versés par les filiales CEE 61
 1.2 Dividendes versés par les filiales hors CEE 61
2. Palmarès des différentes localisations selon les objectifs recherchés 62

CHAPITRE 3 : L'OPTIMISATION DES REMONTEES DE DIVIDENDES 63
1. Groupe purement français 67
2. Groupe détenant des filiales à l'étranger 69
1. Filiales situées dans la CEE 73
 1.1 Holding français de droit commun 73
 1.2 Holding de participations étrangères 74
 1.3 Holding aux Pays-Bas, en Belgique ou au Luxembourg 75
 1.4 Conclusion 77
2. Filiales situées hors de la CEE 78
 2.1 Holding français de droit commun 78
 2.2 Holding français de participations étrangères... 79
 2.3 Holding aux Pays-Bas 80
 2.4 Holding aux Luxembourg 81

    2.5 Holding en Belgique 82
    2.6 Conclusion/comparaison 83

3. Réalisation d'une joint-venture internationale conduisant à un groupe multinational ayant à la fois des filiales hors de France et des actionnaires hors de France 85
1. Filiales européennes 86
    1.1 Holding français de droit commun 86
    1.2 Holding français de participations étrangères.. 87
    1.3 Holding localisé aux Pays-Bas et au Luxembourg 88
    1.4 Holding localisé en Belgique 89
2. Filiales non CEE 90
    2.1 Holding français de droit commun 90
    2.2 Holding français de participations étrangères.. 92
    2.3 Holding aux Pays-Bas 93
    2.4 Holding au Luxembourg 94
    2.5 Holding en Belgique 95

CHAPITRE 4 : DESCRIPTION DES REGIMES DES DIFFERENTS HOLDINGS 97
1. Localisation de la société holding du groupe en France 99
1. Généralités 99
    1.1 Régime d'imposition 99
    1.2 Taux d'imposition 99
    1.3 Limitation du champ d'activité des holdings... 99
    1.4 Réseau conventionnel 100
    1.5 Droits d'enregistrement 100
    1.6 Ratio endettement/capitaux propres 100
2. Régime d'imposition des dividendes 101
    2.1 Imposition des dividendes lors de leur paiement par les filiales (françaises ou étrangères) au holding français... 101
        2.1.1 Dividendes versés par une filiale française 101
        2.1.2 Dividendes versés par une filiale établie dans un Etat membre de la CEE 101
        2.1.3 Dividendes versés par une filiale établie dans un Etat non CEE................. 102
    2.2 Imposition des dividendes au niveau du holding....................................... 102
        2.2.1 L'imposition des dividendes en l'absence de tout régime spécial 103
        2.2.2 L'imposition des dividendes dans le cadre du régime mère-fille............... 104
    2.3 Imposition des dividendes lors de leur redistribution par le holding français à ses actionnaires 105
        2.3.1 Précompte 105
            2.3.1.1 Redistribution des dividendes ayant été taxés normalement 105
            2.3.1.2 Redistribution de dividendes reçus en franchise d'impôt 106
            2.3.1.3 Redistribution de dividendes par un holding de participations étrangères 107
        2.3.2 Retenue à la source 107
3. Régime des plus-values.. 108

2. Localisation de la société holding du groupe en Belgique ... 109
1. Généralités ... 109
   1.1 Régime d'imposition ... 109
   1.2 Barème de l'impôt des sociétés ... 109
   1.3 Limitation du champ d'activité du holding ... 109
   1.4 Réseau conventionnel ... 109
   1.5 Droits d'enregistrement ... 109
   1.6 Ratio dettes/capitaux propres ... 110
2. Imposition des dividendes ... 110
   2.1 Imposition des dividendes lors de leur paiement par des filiales (belges ou autres) au holding belge ... 110
      2.1.1 Dividendes distribués par une filiale belge ... 110
      2.1.2 Dividendes distribués par une filiale située dans un pays de la Communauté européenne autre que la Belgique ... 110
      2.1.3 Dividendes distribués par une filiale hors CEE ... 110
   2.2 Imposition des dividendes au niveau de la société holding belge ... 110
      2.2.1 Contenu du régime ... 110
      2.2.2 Conditions d'application du régime ... 111
      2.2.3 La procédure de ruling ... 111
3. Régime des plus-values ... 111

3. Localisation de la société holding du groupe au Luxembourg ... 113
1. Généralités ... 113
   1.1 Régime d'imposition ... 113
   1.2 Taux d'imposition ... 113
   1.3 Limitation du champ d'activité de la SOPARFI ... 113
   1.4 Réseau conventionnel ... 113
   1.5 Droits d'enregistrement ... 113
   1.6 Ratio dettes/capitaux propres ... 114
2. Imposition des dividendes ... 114
   2.1 Imposition des dividendes lors de leur paiement par les filiales au holding ... 114
      2.1.1 Imposition en amont des dividendes distribués par une filiale luxembourgeoise à la SOPARFI ... 114
      2.1.2 Imposition en amont des dividendes distribués par une filiale située dans un autre pays de la CEE à la SOPARFI ... 114
      2.1.3 Dividendes distribués par des filiales hors CEE ... 114
   2.2 Imposition des dividendes au niveau de la SOPARFI ... 115
      2.2.1 Description du régime ... 115
      2.2.2 Conditions d'application du régime ... 115
   2.3 Imposition des dividendes lors de la redistribution par la SOPARFI ... 115
      2.3.1 Redistribution au profit d'une société française (ou située dans un autre pays de la CEE) ... 115
      2.3.2 Redistribution au profit d'une société située hors CEE ... 116
3. Régime des plus-values et moins-values ... 116

4. Localisation de la société holding du groupe aux Pays-Bas 117
1. Généralités 117
   1.1 Régime d'imposition 117
   1.2 Barème d'imposition 117
   1.3 Limitation du champ d'activité de la société holding 117
   1.4 Réseau conventionnel 117
   1.5 Droits d'enregistrement 117
   1.6 Ratio dettes/fonds propres 118
2. Imposition des dividendes 118
   2.1 Imposition des dividendes lors de leur paiement par les filiales au
       holding néerlandais 118
       2.1.1 Dividendes versés par une filiale néerlandaise 118
       2.1.2 Dividendes versés par une filiale située dans un autre pays de la CEE 118
       2.1.3 Dividendes versés par une filiale située hors CEE 118
   2.2 Imposition des dividendes au niveau de la société holding néerlandaise 119
       2.2.1 Conditions d'application du régime de "participation-exemption"
           concernant chaque filiale de la société holding néerlandaise 119
       2.2.2 Conditions spécifiques aux participations dans des filiales étrangères 119
   2.3 Redistribution des dividendes par la société holding néerlandaise 120
3. Produits de cession de participations détenues par le holding 120
   3.1 Régime d'imposition des plus-values 120
   3.2 Régime d'imposition des moins-values 120

Chapitre 1

Les points clés

1. OBJECTIFS

Nombreux sont les groupes français qui s'interrogent aujourd'hui sur l'adéquation de leur structure juridique, surtout lorsqu'ils possèdent des filiales à l'étranger. En effet, celle-ci, dans bien des cas, résulte davantage de l'historique du groupe que d'une approche purement rationnelle. L'intérêt de revoir les structures afin d'alléger la charge fiscale globale est un sujet fréquemment évoqué par les dirigeants d'entreprise et leurs conseils. De plus, la presse se fait régulièrement l'écho des avantages que seraient susceptibles d'offrir aux groupes français des holdings établis à l'étranger.

Pourtant restructurer un groupe n'est pas une décision qui peut être prise à la légère. Les conséquences immédiates et à long terme sont telles que le choix (éventuel) d'une société holding doit être fait en toute connaissance de cause.

Notre expérience face aux chefs d'entreprise ou aux cadres dirigeants qui nous interrogent sur ces questions est que cette réflexion est souvent rendue difficile par le nombre important des paramètres à prendre en compte, fiscaux, mais également financiers ou juridiques. Ainsi, une société holding pourra présenter un régime favorable pour les plus-values de cession et offrira par là une grande flexibilité mais n'autorisera pas, en revanche, l'imputation des frais financiers sur les revenus courants.

Devant la littérature abondante mais souvent **plus analytique que synthétique**, nous avons ressenti auprès des cadres dirigeants le besoin d'un **guide simple et synthétique** qui puisse être utilisé comme un **véritable outil de gestion**.

Dans cet esprit, nous avons privilégié :
- *la simplicité du propos* : des tableaux, faciles d'accès, doivent permettre une identification immédiate des solutions optimales et des avantages qu'elles procurent ;
- *une approche méthodique* : en mettant en lumière la démarche et les critères à retenir, l'ouvrage permet de rationaliser les choix ;
- *une approche comparative* : plutôt qu'une juxtaposition des régimes liés aux différents pays de localisation possibles, c'est une vision transversale qui a été retenue, afin de permettre au lecteur de comparer rapidement les caractéristiques des holdings par rapport à ses objectifs propres ;
- *une approche synthétique* : des tableaux rappellent tous les éléments à prendre en compte, sans que le lecteur ait à se reporter aux études particulières de tel ou tel pays.

Enfin, une partie plus analytique et technique complète l'ouvrage rappelant les régimes applicables dans les différents Etats de localisation possibles.

Point de vue choisi par ce guide

Le point de vue choisi est celui d'un groupe français investissant à l'étranger par le biais de filiales et qui s'interroge sur les moyens d'optimiser la structure du groupe. Les critères retenus peuvent être fiscaux (diminution de la charge d'impôt du groupe), mais également financiers (coûts de fonctionnement, flexibilité en termes de redistribution des ressources) et juridiques (simplicité et sécurité). D'autres critères (non abordés dans cet ouvrage) ont également leur importance : situation des expatriés, réseau de communications, etc. Les pays de localisation étudiés comprennent les plus connus, à savoir le Luxembourg, les Pays-Bas et la Belgique, outre la France bien entendu. N'ont pas été retenus certains pays plus exotiques dans la mesure où, en dehors des problèmes posés par l'application des dispositions anti-évasion fiscale, ils n'apportent pas d'avantages supplémentaires par rapport aux choix européens possibles. Certains pays européens peuvent cependant offrir des avantages spécifiques liés à la localisation de certaines filiales étrangères (par exemple Autriche par rapport aux Etats de l'Europe orientale).

Organisation du guide

Afin de permettre un accès aussi simple que possible, le plan suivant a été suivi :
1. Résumé de l'ouvrage - Points clés.
2. Tableaux comparatifs.
3. Description des régimes fiscaux.

1. RESUME DE L'OUVRAGE - POINTS CLES

Cette première partie doit permettre au lecteur "pressé" d'aller directement à l'essentiel, et rappelle à cet effet :
a) l'approche proposée ;
b) les résultats obtenus.

Cette partie décrit l'approche méthodologique suivie, souligne la nécessité d'une rationalisation des choix, en fonction des objectifs stratégiques du groupe (politique de distribution, localisation et niveau d'endettement, accueil de partenaires extérieurs, etc.). Les résultats de l'étude sont commentés en fonction des critères dégagés.

2. TABLEAUX COMPARATIFS
a) Avantages et inconvénients liés à un holding français

Prenant le point de vue d'un groupe français, cette partie de l'ouvrage aborde en détail, sous forme de tableaux illustratifs, les avantages et inconvénients des sociétés holdings françaises par rapport à un certain nombre d'objectifs identifiés.

b) Caractéristiques des holdings européens

Ces caractéristiques sont rappelées sous la forme d'une série de tableaux permettant de comparer leurs avantages respectifs selon les différentes localisations retenues. Chaque caractéristique fait l'objet d'une comparaison et est reprise d'une façon détaillée dans une synthèse pays par pays. Grâce aux tableaux, le lecteur pourra ainsi déterminer, par exemple, les types de holdings offrant le droit d'apport le plus faible, puis vérifier quelles sont les conditions à remplir pour en bénéficier effectivement, afin de contrôler la pertinence de l'information obtenue.

c) Synthèse

Un tableau synthétique compare les localisations des sociétés holdings en fonction des objectifs qui leur sont assignés, et permet d'identifier rapidement, compte tenu d'un objectif donné, les localisations les plus performantes.

3. ETUDES DETAILLEES

Adoptant une approche plus détaillée et plus analytique, cette troisième partie décrit les conséquences fiscales :
- des remontées des dividendes ;
- des régimes applicables aux holdings dans chaque pays.

2. RESUME DE L'OUVRAGE
POINTS CLES

Le point de vue adopté ici est celui d'une entreprise française qui s'interroge sur l'opportunité de regrouper ses participations françaises et/ou étrangères sous un holding, en France ou à l'étranger.

Une telle réflexion suppose les étapes suivantes :
1. Identification des objectifs assignés au holding ;
2. Choix du type de holding le plus adapté. Ce choix suppose :
   a) la quantification de l'avantage financier attendu,
   b) une mise en rapport de cet avantage avec les coûts, soit ponctuels (mise en place), soit récurrents (coûts de fonctionnement) liés au holding.

L'expérience montre que cette première étape est cruciale dans la mesure où il n'existe pas de holding idéal, mais uniquement un holding qui est le plus adapté aux objectifs d'un groupe donné.

1. IDENTIFICATION DES OBJECTIFS

Les objectifs assignés au holding peuvent être variés :
- le holding peut avoir un rôle d'animateur des filiales du groupe, disposant pour cela d'une structure et de moyens adéquats, et notamment d'une équipe de cadres dirigeants ;
- le holding pourra être un holding "pur" dont le rôle est réduit à celui d'instrument juridique, fiscal ou financier (portage des titres de filiales, levier financier, intégration fiscale, instrument de contrôle).

Dans le premier cas (holding "animatrice"), des facteurs autres que juridiques et fiscaux pourront s'avérer déterminants dans le choix de la localisation, tels le statut des expatriés, le réseau des communications, etc.

Dans le second cas (holding "pure"), les critères de souplesse juridique et d'optimisation fiscale seront à privilégier.

Mais **même dans ce dernier cas**, une réflexion sur les objectifs stratégiques du groupe est un préalable obligé.

Parler, en la matière, d'optimisation financière, ne suffit pas : encore faut-il identifier clairement le niveau d'optimisation. Dans le cas envisagé, quatre niveaux d'optimisation peuvent être distingués :

Niveau 4	Actionnaires finaux (distribution aux actionnaires du groupe français)
Niveau 3	Holding français tête de groupe (autofinancement au niveau du holding tête de groupe)
Niveau 2	Holding interposé (autofinancement au niveau du holding)
Niveau 1	Filiales (autofinancement local)

2. MAXIMISATION DE L'AUTOFINANCEMENT AU NIVEAU 1, C'EST-A-DIRE AU NIVEAU DES FILIALES LOCALES

Si l'objectif est un autofinancement local c'est-à-dire de France, il est clair qu'aucun dividende ne devrait être distribué (sauf phénomène exceptionnellement de double taux, un taux d'imposition sur les bénéfices distribués inférieur au taux de droit commun comme c'est le cas par exemple pour l'Allemagne).

3. MAXIMISATION DE L'AUTOFINANCEMENT AU NIVEAU 2, C'EST-A-DIRE AU NIVEAU DU HOLDING ETRANGER

Si l'objectif est de pouvoir exploiter les revenus de certaines filiales pour financer le développement du groupe français à l'étranger en réinvestissant au niveau d'autres filiales étrangères, il faut optimiser un autofinancement au niveau du holding interposé (niveau 2). Reste à localiser ce holding étranger d'une manière optimale.

Pour opérer le choix de la meilleure localisation du holding étranger, le critère distinctif est le réseau conventionnel dont bénéficiera le holding. Il est essentiel en effet que sa localisation permette de maximiser les dividendes perçus des filiales non CEE.

En effet, les dividendes reçus ne seront pas imposés au niveau du holding. Aucune retenue à la source ne sera à payer au niveau des filiales CEE (sauf exceptions).

En revanche, pour les filiales non CEE, des retenues à la source continuent à s'appliquer. Il conviendra donc de choisir le holding qui bénéficiera du meilleur réseau conventionnel, en fonction des dividendes attendus.

4. MAXIMISATION DE L'AUTOFINANCEMENT AU NIVEAU 3, C'EST-A-DIRE AU NIVEAU DU HOLDING FRANÇAIS TETE DE GROUPE

Si l'objectif du groupe est d'appréhender pour son autofinancement propre en France, les revenus de ses filiales étrangères, donc au niveau du holding français tête de groupe, (et dès lors que cet objectif n'est pas réalisé au moyen de cessions de participations), il n'existe pas de raisons d'ordre fiscal de ne pas faire détenir les participations étrangères directement par le holding français tête de groupe. En effet, l'interposition d'un holding situé hors de France entraîne dans une telle situation les inconvénients suivants :
- d'une part, l'interposition d'un holding entraîne des coûts et des délais :
  • coût intrinsèque à l'interposition (droit d'apport, coût de fonctionnement) ;
  • délai dans la remontée des dividendes.
- d'autre part, elle limite les capacités des groupes français de distribuer des dividendes en franchise d'impôt du fait de :
  • l'impossibilité d'imputer en France les retenues subies (éventuellement) en amont par le holding étranger dans les Etats où sont localisées les filiales ;
  • la perte de l'avoir fiscal relatif aux dividendes distribués par les filiales françaises du groupe au holding étranger interposé.

5. MAXIMISATION AU NIVEAU 4, C'EST-A-DIRE DE LA CAPACITE DISTRIBUTRICE DU HOLDING FRANÇAIS TETE DE GROUPE

Dans l'hypothèse où le groupe souhaite maximiser sa politique de distribution de dividendes à ses actionnaires, le groupe préférera utiliser un holding français bénéficiant si possible du régime des participations étrangères.

En effet :
- d'une part, l'interposition d'un holding étranger ne peut dans la perspective d'une redistribution inégale de profits réalisés à l'étranger qu'introduire des surcoûts, liés à l'impossibilité d'imputer les éventuels crédits d'impôt ou avoirs fiscaux correspondant aux dividendes perçus par ce holding interposé ;
- d'autre part, le recours à un holding de participations étrangères permet d'éviter qu'un actionnaire personne morale (ne redistribuant pas lui-même l'intégralité du dividende perçu) ne soit pénalisé financièrement par l'effet précompte.

6. MAXIMISATION DES PLUS-VALUES

Dans l'hypothèse où le groupe pourrait être amené à céder des participations, il privilégiera bien évidemment le recours à des holdings permettant la réalisation des plus-values en franchise d'impôt.

L'intérêt de l'interposition d'un holding étranger dépend de la destination du produit de cette plus-value.

1. Si elle a vocation à servir à l'autofinancement local (au niveau du holding interposé), l'exonération de la plus-value est un gain définitif ; le recours à un holding étranger est alors à conseiller ;
2. Si cette plus-value doit être remontée en France (holding tête de groupe) afin de servir à l'autofinancement du groupe français, le recours au holding étranger permettra également une économie d'impôt définitive, puisque les dividendes distribués par ce holding au holding français tête de groupe, correspondant à cette plus-value, seraient exonérés en France ;
3. En revanche, si cette plus-value doit être distribuée aux actionnaires, l'interposition d'un holding étranger n'aura permis qu'un gain de trésorerie, puisque, lors de la redistribution, le précompte sera dû (sauf recours à un holding de participations étrangères, s'agissant de dividendes distribués à des personnes morales). Cela étant, même dans cette hypothèse, le recours au holding étranger permet un gain d'impôt si la distribution de la plus-value n'est que partielle.

Dans la mesure où, en pratique, la destination du produit de la plus-value sera dans bien des cas encore inconnue, il peut être plus prudent de la réaliser en franchise d'impôt.

Enfin, dans le cas d'actionnaires personnes morales, la plus-value pourra être distribuée sans effet précompte en utilisant un holding français de participations étrangères.

3. RESULTATS

Est-il opportun de recourir à un holding étranger (détenu par le holding français tête de groupe) ?

- oui, si le groupe a pour objectif de réaliser des plus-values servant à financer le développement du groupe ;

- oui, si la souplesse juridique ou l'intérêt de co-investisseurs rend une telle localisation nécessaire ;

- non, si le groupe redistribue intégralement les revenus de ses filiales ;

- peut-être, selon les réseaux conventionnels, lorsque le groupe a pour objectif la circulation des dividendes vers le holding tête de groupe au moindre coût fiscal.

Chapitre 2

Tableaux comparatifs

PREAMBULE : MODE D'EMPLOI

Trois séries de tableaux résument les informations à retenir.

1. LES TABLEAUX DES REMONTEES DE DIVIDENDES

La première série de tableaux est consacrée à l'étude des dividendes.

Cette étude constituant la partie essentielle de l'ouvrage, nous y avons consacré un chapitre intitulé "L'optimisation des remontées de dividendes".

Ne figure dès lors dans la partie présente qu'une synthèse des simulations de flux étudiées dans le chapitre "L'optimisation des remontée de dividendes" afin de permettre au lecteur d'effectuer rapidement ses propres simulations.

Les tableaux mettent en évidence la charge fiscale pesant sur différents flux de dividendes pour chacun des holdings étudiés.

Chaque simulation a été basée sur l'hypothèse d'une détention des filiales à 100 % et une distribution d'un dividende brut égal à 100.

Les holdings étudiés sont :
- les holdings français de droit commun ;
- les holdings français de participations étrangères ;
- les holdings belges ;
- les holdings luxembourgeois ("SOPARFI") ;
- les holdings néerlandais ("BV").

Les deux premiers tableaux représentent les flux de dividendes au sein d'un groupe purement français. Dans le premier tableau, les dividendes sont conservés au sein du holding pour assurer son financement.

Dans le second tableau, les dividendes sont redistribués aux actionnaires du holding.

Dans les tableaux suivants, le groupe étudié possède des filiales et des actionnaires de nationalités différentes (cas d'une joint-venture).

Il n'est pas rare en effet de voir des groupes français participer à des "joint-venture" internationales. Au plan juridique, de telles situations se traduisent le plus souvent par le recours à des filiales communes. Il est clair alors que la seule référence aux aspects français ne peut suffire pour permettre une localisation adéquate de la société holding. C'est pourquoi, après un premier schéma indiquant les conséquences d'une détention à 100 % par la société française, est analysée l'hypothèse d'une détention du holding par un actionnaire résidant dans un pays de la CEE, les Pays-Bas, et un actionnaire résidant dans un pays hors CEE, les Etats-Unis.

Une première série de simulations permet d'établir une comparaison des performances des différents holdings selon que les dividendes servent à financer le holding ou bien sont redistribués à des actionnaires français, néerlandais ou américains.

Une deuxième série de tableaux par holding résume leurs performances selon le type de filiale et détermine les revenus disponibles pour leur autofinancement.

Ces tableaux, à travers un éventail de schémas de remontées de dividendes caractéristiques, doivent permettre au lecteur d'appréhender rapidement la charge fiscale supportée par les dividendes lors de leur remontée jusqu'aux actionnaires et donc de souligner l'intérêt de chaque localisation possible dans le cadre d'une joint-venture.

Une analyse détaillée de ces tableaux figure dans la quatrième partie intitulée "L'optimisation des remontées de dividendes".

2. CARACTERISTIQUES DES DIFFERENTS HOLDINGS

Une seconde série de tableaux est consacrée à la comparaison des principales caractéristiques fiscales et juridiques propres aux holdings dans chaque pays étudié.
- Un premier tableau compare le régime fiscal applicable aux holdings dans chacun des pays étudiés.
- Un deuxième tableau compare de façon plus spécifique la façon dont les dividendes reçus et redistribués par un holding sont traités dans chaque pays.
- Un troisième tableau est consacré aux retenues à la source.
- Un quatrième tableau indique le régime fiscal applicable aux plus-values de cession réalisées par les holdings dans chaque pays étudié.
- Un cinquième tableau dresse un panorama des différents aspects juridiques du holding dans chaque pays.

La description des régimes des différents holdings par pays figurant au chapitre quatre complète ces tableaux.

3. TABLEAUX DE SYNTHESE

Une troisième série de tableaux s'attache à fournir une synthèse en fonction de différents objectifs, tels que l'exonération des dividendes ou la déduction des charges financières.

Les deux premiers tableaux sont consacrés à la charge fiscale pesant sur la remontée des dividendes.

Le premier se rapporte aux dividendes versés par des filiales résidant dans des pays de la CEE, le second à des filiales hors CEE.

Il a été procédé à un classement de 1 à 4 par intérêt décroissant des différents holdings en fonction de leur localisation.

Un troisième tableau classe quant à lui directement chaque pays de localisation de holding en fonction des critères suivants :
- exonération des dividendes ;
- déductibilité des charges financières ;
- réduction des coûts de distribution ;
- souplesse de la structure juridique ;
- exonération des plus-values ;
- coût de formation.

Le dernier tableau classe les holdings en fonction des objectifs qui leur sont assignés, à savoir :
- acquisition ;
- détention ;
- ou cession de participation dans des filiales, françaises ou étrangères.

1. REMONTEE DES DIVIDENDES

1. ACTIONNARIAT FRANÇAIS

1.1 Groupe purement français

1.1.1 Objectif : autofinancement au niveau du holding français tête de groupe

Dans cette hypothèse :
- les dividendes sont distribués par les filiales françaises ;
- ils sont conservés par le holding français tête de groupe.

Une telle distribution s'opère sans coût fiscal.

Distribution par une filiale française	100
Imposition au niveau du holding français tête de groupe	-
Disponible pour autofinancement au niveau du holding français tête de groupe	100

Conclusion : le recours à un holding français permet de faire circuler les dividendes des filiales françaises sans coût fiscal.

1.1.2 Objectif : redistribution des dividendes aux actionnaires français finaux

Dans cette hypothèse :
- les dividendes sont distribués par les filiales françaises ;
- ils sont perçus mais redistribués aux actionnaires par le holding français de tête.

Une telle distribution s'effectue sans coût fiscal et permet de transférer l'avoir fiscal sous-jacent aux actionnaires finaux.

Distribution par une filiale française	100
Imposition au niveau du holding français tête de groupe	-
Précompte théorique dû	50
Avoir fiscal	(50)
Net distribuable par le holding	100
Avoir fiscal correspondant	50
Revenu total pour les actionnaires finaux français	150

Conclusion : le recours à un holding français permet non seulement de faire circuler les dividendes des filiales françaises sans coût fiscal mais également de maximiser la situation des actionnaires français en sauvegardant l'avoir fiscal attaché à ces dividendes.

1.2 Groupe multinational

1.2.1 Objectif : les dividendes sont conservés au sein d'un holding français tête de groupe

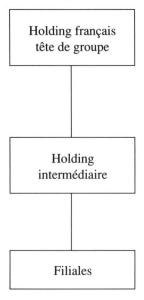

Il s'agit de déterminer ici le type de holding intermédiaire susceptible de maximiser le disponible pour autofinancement au niveau du holding français tête de groupe, à raison des dividendes reçus de la part de différentes filiales françaises et étrangères.

Différents types de holdings intermédiaires sont examinés à cet effet :
- holding français :
  • de droit commun ou
  • de participations étrangères
- holding belge
- holding luxembourgeois

　　Différentes localisations des filiales ont été retenues :
  - France,
  - Allemagne - Grande-Bretagne - Espagne - Etats-Unis et Japon
  - holding néerlandais.

1.2.1.1 Synthèse des flux disponibles pour autofinancement au niveau du holding français tête de groupe

Localisation des filiales	Fr.	CEE			Hors CEE	
		All.	RU	Esp.	EU	Jap.
Dividendes versés directement au holding français tête de groupe	100	95	100	100	95	90
Holding français de participations étrangères	100	95	100	100	95	90
Holding belge	98,05	93,15	98,05	98,05	93,15	83,34
Holding luxembourgeois	100	95	100	100	95	80
Holding néerlandais	100	95	100	100	95	90

Ce tableau indique le montant disponible pour autofinancement du holding français. Ainsi, par exemple, lorsqu'une filiale allemande est détenue par l'intermédiaire d'un holding belge, il sera possible d'appréhender (après impôt) au niveau du holding français tête de groupe 93,15, à comparer à 95, disponible (après impôt) en cas de détention directe.

Le tableau permet de voir clairement que, *sur les pays envisagés*, la détention *directe* par le holding français tête de groupe est *au moins aussi avantageuse* que la détention par un holding étranger.

Ceci résulte des deux facteurs suivants :
- la France bénéficie d'un réseau conventionnel aussi sinon plus dense que les autres pays de localisation de holding retenus dans le cadre de cette étude ;
- la perception directe permet d'éviter des frottements fiscaux éventuels au niveau des holdings étrangers interposés (cf. exemple de la Belgique).

1.2.1.2 Détail des flux : détention directe des filiales par le holding français tête de groupe

Localisation des filiales	Fr.	CEE			Hors CEE	
		All.	RU	Esp.	EU	Jap.
Dividende distribué	100	100	100	100	100	100
Retenue à la source vers le holding français tête de groupe	N/A	(5)	-	-	(5)	(10)
Imposition au niveau du holding français tête de groupe	-	-	-	-	-	-
Disponible pour autofinancement au niveau du holding français tête de groupe	100	95	100	100	95	90

Lorsque les participations françaises et étrangères sont détenues directement par le holding français tête de groupe, on aboutit à une détention efficiente puisqu'alors, la seule déperdition financière subie est la retenue à la source prélevée localement. Etant donné le réseau étendu des conventions fiscales signées par la France, l'impact de ces retenues est de manière générale aussi limité que possible.

De plus, les retenues éventuellement subies ne tomberont pas nécessairement en non-valeur, puisqu'elles pourront servir à financer l'avoir fiscal pour l'actionnaire final en cas de redistribution.

En conclusion, le recours à un holding français s'avère dans cette hypothèse au moins aussi favorable qu'une détention via un holding étranger.

1.2.1.3 Détail des flux : interposition d'un holding français de participations étrangères

Localisation des filiales	Fr.	CEE			Hors CEE	
		All.	RU	Esp.	EU	Jap.
Dividendes distribués	100	100	100	100	100	100
Retenue à la source vers le holding français de participations étrangères	N/A	(5)	-	-	(5)	(10)
Imposition au niveau du holding de participations étrangères	-	-	-	-	-	-
Précompte dû	-	-	-	-	-	-
Net distribuable par le holding de participations étrangères	100	95	100	100	95	90
Imposition au niveau du holding français tête de groupe	-	-	-	-	-	-
Disponible pour autofinancement au niveau du holding français tête de groupe	100	95	100	100	95	90

Dans la mesure où ce type de holding n'a de particularité que s'agissant du régime de la redistribution des dividendes reçus, ses performances sont identiques à celles d'un holding français, dans le cadre d'un autofinancement cf. exemple précédent.

1.2.1.4 Détail des flux : interposition d'un holding belge

Localisation des filiales	Fr.	CEE			Hors CEE	
		All.	RU	Esp.	EU	Jap.
Dividendes distribués	100	100	100	100	100	100
Retenue à la source vers le holding belge	-	(5)	-	-	(5)	(15)
Imposition au niveau du holding belge	(1,95)	(1,85)	(1,95)	(1,95)	(1,85)	(1,66)
Net distribuable par le holding belge	98,05	93,15	98,05	98,05	93,15	83,34
Retenue à la source vers le holding français tête de groupe	-	-	-	-	-	-
Imposition au niveau du holding français tête de groupe	-	-	-	-	-	-
Disponible pour autofinancement au niveau du holding français tête de groupe	98,05	93,15	98,05	98,05	93,15	83,34

L'interposition d'un holding belge conduit à une légère déperdition du fait de la quote-part de frais et charges (égale à 5 % des dividendes) imposée à 39 %.

Cela étant, en présence, par exemple, d'intérêts, l'impact effectif de cette quote-part peut quasiment être réduit à zéro. Dans ce cas, en termes de disponible pour le holding français de tête, les performances sont identiques à celles d'une détention directe des filiales étrangères par le holding français tête de groupe.

1.2.1.5 Détail des flux : interposition d'un holding luxembourgeois

Localisation des filiales	Fr.	CEE			Hors CEE	
		All.	RU	Esp.	EU	Jap.
Dividendes distribués	100	100	100	100	100	100
Retenue à la source vers le Luxembourg	-	(5)	-	-	(5)	(20)
Imposition au niveau du holding luxembourgeois	-	-	-	-	-	-
Net distribuable par le holding luxembourgeois	100	95	100	100	95	80
Retenue à la source vers le holding français tête de groupe	-	-	-	-	-	-
Imposition au niveau du holding français tête de groupe	-	-	-	-	-	-
Disponible pour autofinancement au niveau du holding français tête de groupe	100	95	100	100	95	80

L'interposition d'un holding luxembourgeois ne conduit pas à une réelle optimisation du disponible pour autofinancement pour le holding français tête de groupe. Ceci résulte du fait que les dividendes de source japonaise subissent une retenue à la source de 20 %.

En dehors de cet élément, qui traduit le fait que le Luxembourg a un réseau conventionnel nettement moins étendu que la France, ou même la Belgique ou les Pays-Bas, l'interposition d'un holding luxembourgeois ne donnera pas, de manière générale, un disponible pour autofinancement pour le holding français tête de groupe supérieur à celui qui résulte d'une détention directe des filiales étrangères par celui-ci.

1.2.1.6 Détail des flux : interposition d'un holding néerlandais

Localisation des filiales	Fr.	CEE			Hors CEE	
		All.	RU	Esp.	EU	Jap.
Dividendes distribués	100	100	100	100	100	100
Retenue à la source vers le holding néerlandais	-	(5)	-	-	(5)	(10)
Imposition au niveau du holding néerlandais	-	-	-	-	-	-
Net distribuable par le holding néerlandais	100	95	100	100	95	90
Retenue à la source vers le holding français tête de groupe	-	-	-	-	-	-
Imposition au niveau du holding français tête de groupe	-	-	-	-	-	-
Disponible pour autofinancement au niveau du holding français tête de groupe	100	95	100	100	95	90

L'interposition d'un holding néerlandais ne conduira pas à un disponible pour autofinancement supérieur à celui résultant d'une détention directe des filiales étrangères par le holding français tête de groupe.

Cela étant, il ne conduit pas non plus, en termes de disponible pour autofinancement pour le holding français tête de groupe, à un surcoût. Dès lors, l'interposition d'un holding néerlandais peut s'avérer d'une grande neutralité, tout en offrant la possibilité, notamment, de réaliser des plus-values sur participations en franchise d'impôt.

1.2.2 Objectif : redistribution intégrale des dividendes aux actionnaires finaux français

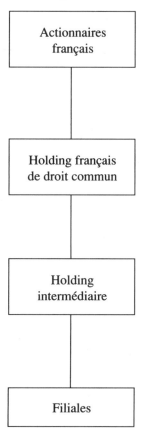

Il s'agit de déterminer ici la meilleure localisation d'un holding intermédiaire dans l'hypothèse où l'objectif du groupe consiste à maximiser le dividende servi aux actionnaires finaux, c'est-à-dire la capacité distributrice du holding français tête de groupe.

Pour cela, il convient de déterminer le dividende (avoir fiscal compris) qui pourra être distribué par le holding français tête de groupe, dans les différents cas possibles :
- détention directe par le holding français tête de groupe sous forme de holding de droit commun ;
- détention directe par le holding français tête de groupe sous forme de holding de participations étrangères ;
- détention par un holding intermédiaire (lui-même détenu par le holding français tête de groupe sous forme de holding de participations étrangères), situé en Belgique, au Luxembourg ou aux Pays-Bas.

1.2.2.1 Objectif : redistribution intégrale aux actionnaires

NB : Les sommes sont indiquées **avoir fiscal compris.**

Le tableau ci-après indique le montant qui pourra être effectivement distribué par le holding français tête de groupe aux actionnaires finaux.

Localisation des filiales	Fr.	CEE			Hors CEE	
		All.	RU	Esp.	EU	Jap.
Dividendes versés directement au holding français	150	100	100	100	100	100
Holding français de participations étrangères	150	100	100	100	100	100
Holding belge	98,05	93,15	98,05	98,05	93,15	83,34
Holding luxembourgeois	100	95	100	100	95	80
Holding néerlandais	100	95	100	100	95	90

En conclusion, l'intérêt de faire détenir les différentes filiales directement par un holding français tête de groupe détenant **directement** les filiales françaises et étrangères apparaît très nettement ici :
- s'agissant des filiales françaises, la détention directe permet d'éviter la perte de l'avoir fiscal ;
- s'agissant des filiales étrangères, seules les retenues à la source subies **directement** par le holding français pourront se transformer en avoir fiscal entre les mains des actionnaires finaux (par voie d'imputation sur le précompte).

Quant à la forme du holding français tête de groupe détenant directement l'ensemble des filiales, françaises et étrangères, l'option à son niveau pour le régime des participations étrangères permet d'optimiser la situation des actionnaires personnes morales qui ne pourraient, en partie ou en totalité, tirer partie de l'avoir fiscal, par exemple parce qu'ils ne redistribuent pas en totalité le dividende perçu.

C'est pourquoi il a paru intéressant de montrer également la situation de l'actionnaire qui n'est pas en mesure de tirer partie de l'avoir fiscal. Il en résulte le tableau suivant, où sont indiquées les sommes distribuées, **avoir fiscal non compris.**

Localisation des filiales	Fr.	CEE			Hors CEE	
		All.	RU	Esp.	EU	Jap.
Dividendes versés directement au holding français	100	66,67	66,67	66,67	66,67	66,67
Holding français de participations étrangères	100	95	100	100	95	90
Holding belge	98,05	93,15	98,05	98,05	93,15	83,34
Holding luxembourgeois	100	95	100	100	95	80
Holding néerlandais	100	95	100	100	95	90

On suppose, dans le tableau ci-dessus, les holdings étrangers eux-mêmes détenus par un holding français tête de groupe **sous forme de holding de participations étrangères.**

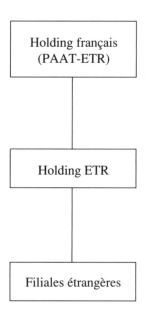

1.2.2.2 Détail des flux : détention directe par le holding français tête de groupe (holding français de droit commun)

Localisation des filiales	Fr.	CEE			Hors CEE	
		All.	RU	Esp.	EU	Jap.
Dividendes distribués	100	100	100	100	100	100
Retenue à la source vers le holding français tête de groupe	N/A	(5)	-	-	(5)	(10)
Imposition au niveau du holding français tête de groupe	-	-	-	-	-	-
Précompte théorique dû	(50)	(33,33)	(33,33)	(33,33)	(33,33)	(33,33)
Avoir fiscal	50	N/A	N/A	N/A	N/A	N/A
Crédit d'impôt	N/A	5	-	-	5	10
Précompte effectivement dû	-	(28,33)	(33,33)	(33,33)	(28,33)	(23,33)
Net distribuable par le holding	100	66,67	66,67	66,67	66,67	66,67
Avoir fiscal correspondant	50	33,33	33,33	33,33	33,33	33,33
Revenu total pour les actionnaires finaux français	**150**	**100**	**100**	**100**	**100**	**100**

Il n'y a pas ici de déperdition si l'on suppose que les actionnaires finaux français peuvent utiliser l'avoir fiscal (personnes physiques).

1.2.2.3 Détail des flux : détention directe par le holding français tête de groupe (holding français de participations étrangères)

Localisation des filiales	Fr.	CEE			Hors CEE	
		All.	RU	Esp.	EU	Jap.
Dividendes distribués	100	100	100	100	100	100
Retenue à la source vers le holding de participations étrangères	N/A	(5)	-	-	(5)	(10)
Imposition au niveau du holding de participations étrangères	-	-	-	-	-	-
Précompte dû	-	-	-	-	-	-
Imposition au niveau du holding français tête de groupe	-	-	-	-	-	-
Précompte théorique dû	50	N/A	N/A	N/A	N/A	N/A
Avoir fiscal	(50)	N/A	N/A	N/A	N/A	N/A
Crédit d'impôt	N/A	N/A	-	-	N/A	N/A
Précompte effectivement dû	-	-	-	-	-	-
Net distribuable par le holding	100	95	100	100	95	90
Avoir fiscal correspondant	50	5	-	-	5	10
Revenu total pour les actionnaires finaux français	**150**	**100**	**100**	**100**	**100**	**100**

L'interposition d'un holding français de participations étrangères s'avère une solution particulièrement attrayante. En effet, elle permet de maximiser le montant qui peut être attribué aux actionnaires, sous forme de dividende proprement dit, plutôt que sous forme de crédit d'impôt.

Une telle solution est particulièrement avantageuse lorsque l'actionnaire est une société française qui ne redistribue pas elle-même les dividendes qu'elle reçoit et raisonne donc hors avoir fiscal ou crédit d'impôt.

1.2.2.4 Détail des flux : interposition d'un holding belge

On suppose ici que le holding français tête de groupe détenant le holding belge bénéficie du régime des holdings de participations étrangères.

Localisation des filiales	Fr.	CEE			Hors CEE	
		All.	RU	Esp.	EU	Jap.
Dividendes distribués	100	100	100	100	100	100
Retenue à la source vers le holding belge		(5)	-	-	(5)	(15)
Imposition au niveau du holding belge	(1,95)	(1,85)	(1,95)	(1,95)	(1,85)	(1,66)
Retenue à la source vers le holding français tête de groupe	-	-	-	-	-	-
Imposition au niveau du holding français tête de groupe	-	-	-	-	-	-
Précompte théorique dû	-	-	-	-	-	-
Crédit d'impôt	-	-	-	-	-	-
Précompte effectivement dû	-	-	-	-	-	-
Net distribuable par le holding	98,05	93,15	98,05	98,05	93,15	83,34
Avoir fiscal correspondant	-	-	-	-	-	-
Revenu total pour les actionnaires finaux français	**98,5**	**93,15**	**98,05**	**98,05**	**93,15**	**83,34**

L'interposition d'un holding belge conduit à une légère déperdition du fait de l'imposition de la quote-part de frais et charges (39 % sur 5 % du dividende perçu par le holding).

1.2.2.5 Détail des flux : interposition d'un holding luxembourgeois

On suppose ici que le holding français tête de groupe détenant le holding luxembourgeois bénéficie du régime des holdings de participations étrangères.

Localisation des filiales	Fr.	CEE			Hors CEE	
		All.	RU	Esp.	EU	Jap.
Dividendes distribués	100	100	100	100	100	100
Retenue à la source vers le Luxembourg	-	(5)	-	-	(5)	(20)
Imposition au niveau du holding luxembourgeois	-	-	-	-	-	-
Retenue à la source vers le holding français tête de groupe	-	-	-	-	-	-
Imposition au niveau du holding français tête de groupe	-	-	-	-	-	-
Précompte théorique dû	-	-	-	-	-	-
Crédit d'impôt	-	-	-	-	-	-
Précompte effectivement dû	-	-	-	-	-	-
Net distribuable par le holding	100	95	100	100	95	80
Avoir fiscal correspondant						
Revenu total pour les actionnaires finaux français	**100**	**95**	**100**	**100**	**95**	**80**

L'interposition d'un holding luxembourgeois ne conduit pas à un surcoût particulier, sauf en l'absence de convention fiscale, auquel cas les retenues à la source peuvent s'avérer un coût significatif.

1.2.2.6 Détail des flux : interposition d'un holding néerlandais

On suppose ici que le holding français tête de groupe détenant le holding néerlandais bénéficie du régime des holdings de participations étrangères.

Localisation des filiales	Fr.	CEE			Hors CEE	
		All.	RU	Esp.	EU	Jap.
Dividendes distribués	100	100	100	100	100	100
Retenue à la source vers le holding néerlandais	-	(5)	-	-	(5)	(10)
Imposition au niveau du holding néerlandais	-	-	-	-	-	-
Retenue à la source vers le holding français tête de groupe	-	-	-	-	-	-
Imposition au niveau du holding français tête de groupe	-	-	-	-	-	-
Précompte théorique dû	-	-	-	-	-	-
Crédit d'impôt	-	-	-	-	-	-
Précompte effectivement dû	-	-	-	-	-	-
Net distribuable par le holding	100	95	100	100	95	90
Avoir fiscal correspondant						
Revenu total pour les actionnaires finaux français	**100**	**95**	**100**	**100**	**95**	**90**

L'interposition d'un holding néerlandais s'avère une alternative attrayante, à comparer avec une détention directe par le holding français tête de groupe.

2. JOINT-VENTURE

On analyse ici le cas de la localisation d'une joint-venture sous forme de filiale commune. Outre l'actionnaire français dont la situation a été examinée dans les fiches précédentes, la joint-venture réunit un actionnaire CEE (en l'occurrence à travers un holding néerlandais) et un actionnaire non CEE (en l'occurrence, américain, investissant directement).

Les fiches qui suivent ont ainsi pour objectif de déterminer la localisation qui permet d'optimiser le montant perçu par les deux actionnaires.

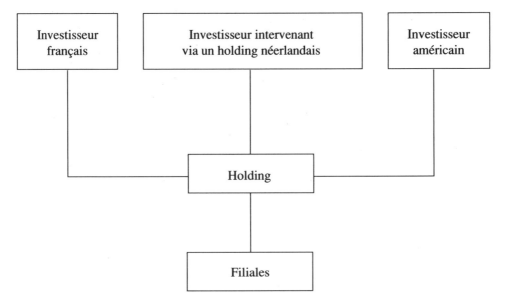

La situation est ici beaucoup plus complexe que la précédente où l'actionnaire était exclusivement français. L'objectif est ici de déterminer la meilleure localisation possible de la société holding en prenant en compte les contraintes supplémentaires liées à un actionnariat résident dans différents Etats.

2.1 Objectif : les dividendes sont redistribués aux investisseurs intervenant via un holding néerlandais

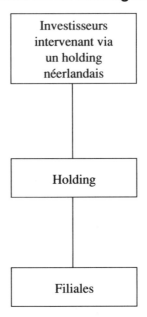

Les premières fiches examinent la situation de l'investisseur qui intervient à travers un holding néerlandais.

2.1.1 Synthèse des revenus perçus par les investisseurs intervenant via un holding néerlandais

Localisation des filiales	Fr.	CEE			Hors CEE	
		All.	RU	Esp.	EU	Jap.
Holding français de droit commun	100	95	100	100	95	90
Holding français de participations étrangères	100	95	100	100	95	90
Holding belge	98,05	93,15	98,05	98,05	93,15	83,34
Holding luxembourgeois	100	95	100	100	95	80
Holding néerlandais	100	95	100	100	95	90

Pour le co-investisseur intervenant via le holding néerlandais, on peut dire que l'ensemble des solutions sont équivalentes (sauf la détention par un holding belge, qui peut conduire à un surcoût lié à l'imposition d'une quote-part de 5 %). C'est donc la situation des co-investisseurs, américains et français, qui fera la différence. Or s'agissant de l'investisseur français, il est clair (cf. ci-dessus) que l'utilisation d'un holding français est (sauf aspect lié aux plus-values) la solution optimale. Il convient dès lors de vérifier la situation du co-investisseur américain.

2.1.2 Détail des flux : holding français de droit commun

Localisation des filiales	Fr.	CEE			Hors CEE	
		All.	RU	Esp.	EU	Jap.
Dividendes distribués	100	100	100	100	100	100
Retenue à la source vers le holding français de droit commun	N/A	(5)	-	-	(5)	(10)
Imposition au niveau du holding français de droit commun	-	-	-	-	-	-
Précompte théoriquement dû	(50)	(33,33)	(33,33)	(33,33)	(33,33)	(33,33)
Avoir fiscal	(50)	N/A	N/A	N/A	N/A	N/A
Crédit d'impôt	N/A	5	-	-	5	10
Précompte effectivement dû	-	(28,33)	(33,33)	(33,33)	(28,33)	(23,33)
Dividende distribuable aux actionnaires néerlandais	100	66,67	66,67	66,67	66,67	66,67
Précompte remboursé aux actionnaires néerlandais	-	28,33	33,33	33,33	28,33	23,33
Retenue à la source vers les actionnaires néerlandais	-	-	-	-	-	-
Revenu total pour les actionnaires néerlandais	**100**	**95**	**100**	**100**	**95**	**90**

Dans cette hypothèse, les filiales françaises et étrangères sont détenues par un holding français de droit commun. L'intervention d'un holding français ne génère aucun coût fiscal puisqu'aucune imposition n'est susceptible d'intervenir en France.

2.1.3 Détail des flux : holding français de participations étrangères

Localisation des filiales	Fr.	CEE			Hors CEE	
		All.	RU	Esp.	EU	Jap.
Dividendes distribués	100	100	100	100	100	100
Retenue à la source vers le holding français de participations étrangères	N/A	(5)	-	-	(5)	(10)
Imposition au niveau du holding français de participations étrangères	-	-	-	-	-	-
Précompte dû	-	-	-	-	-	-
Retenue à la source vers les actionnaires néerlandais	-	-	-	-	-	-
Revenu total pour les actionnaires néerlandais	**100**	**95**	**100**	**100**	**95**	**90**

Les résultats sont identiques à ceux obtenus en cas de holding de droit commun. En fait, le recours à un holding de participations étrangères ne présente d'avantage que s'agissant de l'actionnaire français, puisqu'il permet alors d'éviter le paiement d'un précompte tombant en non-valeur en cas de non-redistribution par l'actionnaire des dividendes reçus. Les actionnaires étrangers ne connaissent pas ce problème puisque le précompte leur est intégralement restitué (dans le cas d'actionnaires CEE bien évidemment).

2.1.4 Détail des flux : holding belge

Localisation des filiales	Fr.	CEE			Hors CEE	
		All.	RU	Esp.	EU	Jap.
Dividendes distribués	100	100	100	100	100	100
Retenue à la source vers le holding belge		(5)	-	-	(5)	(15)
Imposition au niveau du holding belge	(1,95)	(1,85)	(1,95)	(1,95)	(1,85)	(1,66)
Retenue à la source vers les actionnaires néerlandais	-	-	-	-	-	-
Revenu total pour les actionnaires néerlandais	**98,05**	**93,15**	**98,05**	**98,05**	**93,15**	**83,34**

L'intervention d'un holding belge induit un léger surcoût dû à l'existence d'une quote-part taxable (5 % du dividende), dont l'effet peut cependant être substantiellement réduit en présence de charges liées à la participation.

2.1.5 Détail des flux : holding luxembourgeois

Localisation des filiales	Fr.	CEE			Hors CEE	
		All.	RU	Esp.	EU	Jap.
Dividendes distribués	100	100	100	100	100	100
Retenue à la source vers le holding luxembourgeois	-	(5)	-	-	(5)	(20)
Imposition au niveau du holding luxembourgeois	-	-	-	-	-	-
Retenue à la source vers les actionnaires néerlandais	-	-	-	-	-	-
Revenu total pour les actionnaires néerlandais	**100**	**95**	**100**	**100**	**95**	**80**

Le recours à un holding luxembourgeois conduit à une grande neutralité (absence de coût lié à l'interposition), mais implique le recours au réseau conventionnel luxembourgeois, moins développé que le réseau français, ce qui se traduit en l'occurrence par l'existence de retenues à la source plus élevées.

2.1.6 Détail des flux : holding néerlandais

Localisation des filiales	Fr.	CEE			Hors CEE	
		All.	RU	Esp.	EU	Jap.
Dividendes distribués	100	100	100	100	100	100
Retenue à la source vers le holding néerlandais	-	(5)	-	-	(5)	(10)
Imposition au niveau du holding néerlandais	-	-	-	-	-	-
Revenu total pour les actionnaires néerlandais	**100**	**95**	**100**	**100**	**95**	**90**

Pour l'actionnaire non français, le recours à un holding néerlandais s'avère, *a priori*, aussi avantageux que le recours à un holding français.

Comme il a été souligné plus haut, l'interposition d'un holding néerlandais implique, pour l'actionnaire français, la perte de l'avoir fiscal attaché aux dividendes distribués par les filiales françaises et donc, potentiellement, un surcoût lors de la redistribution de ces dividendes de source française (coût de précompte au niveau de l'actionnaire).

2.2 Les dividendes sont redistribués aux actionnaires américains

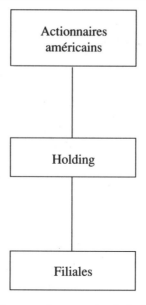

On envisage ici la situation du second partenaire de la joint-venture, à savoir la société américaine.

Il est à noter que **seuls les coûts fiscaux subis en Europe sont traités** ici.

2.2.1 Synthèse des revenus versés aux actionnaires américains

Localisation des filiales	Fr.	CEE			Hors CEE	
		All.	RU	Esp.	EU	Jap.
Holding français de droit commun	95	90,25	95	95	90,25	85,50
Holding français de participations étrangères	95	95	95	95	95	90
Holding belge	93,15	88,49	93,15	93,15	88,49	79,17
Holding luxembourgeois	95	90,25	95	95	90,25	76
Holding néerlandais	95	90,25	95	95	90,25	85,50

Aussi paradoxal que cela puisse paraître, c'est le recours à un holding français qui s'avère la solution permettant de minimiser la charge fiscale de l'actionnaire américain. Ceci est dû à deux facteurs :
- d'une part, le réseau conventionnel développé de la France permet une minimisation des retenues à la source ;
- d'autre part, la possibilité d'imputer les retenues à la source "d'entrée" sur les retenues à la source "de sortie" diminue le "frottement" fiscal sur les dividendes hors CEE reversés à un actionnaire hors CEE (puisque seuls ceux-là sont encore soumis à retenue à la source).

2.2.2 Détail des flux : holding français de droit commun

Localisation des filiales	Fr.	CEE			Hors CEE	
		All.	RU	Esp.	EU	Jap.
Dividendes distribués	100	100	100	100	100	100
Retenue à la source vers le holding français de droit commun	N/A	(5)	-	-	(5)	(10)
Imposition au niveau du holding français de droit commun	-	-	-	-	-	-
Précompte théoriquement dû	(50)	(33,33)	(33,33)	(33,33)	(33,33)	(33,33)
Avoir fiscal	50	N/A	N/A	N/A	N/A	N/A
Crédit d'impôt	N/A	5	-	-	5	10
Précompte effectivement dû	-	(28,33)	(33,33)	(33,33)	(28,33)	(23,33)
Dividende distribuable aux actionnaires américains	100	66,67	66,67	66,67	66,67	66,67
Précompte remboursé aux actionnaires américains	-	28,33	33,33	33,33	28,33	23,33
Retenue à la source vers les actionnaires américains	(5)	(4,75)	(5)	(5)	(4,75)	(4,5)
Revenu total pour les actionnaires américains	**95**	**90,25**	**95**	**95**	**90,25**	**85,50**

Le holding français de droit commun s'avère une alternative intéressante, moins cependant que celle d'un holding de participations étrangères, dans la mesure où l'effet de double imputation ne joue pas à plein, du fait des mécanismes propres au remboursement du précompte.

2.2.3 Détail des flux : holding français de participations étrangères

Localisation des filiales	Fr.	CEE			Hors CEE	
		All.	RU	Esp.	EU	Jap.
Dividendes distribués	100	100	100	100	100	100
Retenue à la source vers le holding français de participations étrangères	N/A	(5)	-	-	(5)	(10)
Imposition au niveau du holding français de participations étrangères	-	-	-	-	-	-
Précompte dû	-	-	-	-	-	-
Retenue à la source vers les actionnaires américains théorique	(5)	(4,75)	(5)	(5)	(4,75)	(4,50)
Crédit d'impôt	-	5	-	-	5	10
Retenue à la source effective	(5)	-	(5)	(5)	-	-
Revenu total pour les actionnaires américains	**95**	**95**	**95**	**95**	**95**	**90**

Le recours à un holding de participations étrangères s'avère une alternative très attractive dans la mesure où il permet de faire jouer à plein la double imputation des crédits d'impôt.

2.2.4 Détail des flux : holding belge

Localisation des filiales	Fr.	CEE			Hors CEE	
		All.	RU	Esp.	EU	Jap.
Dividendes distribués	100	100	100	100	100	100
Retenue à la source vers le holding belge	-	(5)	-	-	(5)	(15)
Imposition au niveau du holding belge	(1,95)	(1,85)	(1,95)	(1,95)	(1,85)	(1,66)
Retenue à la source vers actionnaires américains	(4,90)	(4,66)	(4,90)	(4,90)	(4,66)	(4,17)
Revenu total pour les actionnaires américains	**93,15**	**88,49**	**93,15**	**93,15**	**88,49**	**79,17**

Le recours à un holding belge induit un léger surcoût lié à l'imposition de la quote-part au taux de 5 %.

L'absence d'un régime autorisant l'imputation de la retenue à la source "d'entrée" sur la retenue à la source "de sortie" conduit, s'agissant des revenus des filiales hors CEE, à la perception d'une double retenue à la source.

2.2.5 Détail des flux : holding luxembourgeois

Localisation des filiales	Fr.	CEE			Hors CEE	
		All.	RU	Esp.	EU	Jap.
Dividendes distribués	100	100	100	100	100	100
Retenue à la source vers le holding luxembourgeois	-	(5)	-	-	(5)	(20)
Imposition au niveau du holding luxembourgeois	-	-	-	-	-	-
Retenue à la source vers les actionnaires américains	(5)	(4,75)	(5)	(5)	(4,75)	(4)
Revenu total pour les actionnaires américains	95	90,25	95	95	90,25	76

Par rapport à un holding situé en France, le recours à un holding luxembourgeois est susceptible de conduire à un surcoût lié :
- à l'existence d'un réseau conventionnel moins étendu conduisant potentiellement à des retenues à la source plus élevées ;
- à l'impossibilité d'imputer les retenues à la source "d'entrée" sur les retenues à la source "de sortie", ce qui conduit (pour les revenus des filiales non CEE) à la perception d'une double retenue.

2.2.6 Détail des flux : holding néerlandais

Localisation des filiales	Fr.	CEE			Hors CEE	
		All.	RU	Esp.	EU	Jap.
Dividendes distribués	100	100	100	100	100	100
Retenue à la source vers le holding néerlandais	-	(5)	-	-	(5)	(10)
Imposition au niveau du holding néerlandais	-	-	-	-	-	-
Retenue à la source vers les actionnaires américains	(5)	(4,75)	(5)	(5)	(4,75)	(4,50)
Revenu total pour les actionnaires américains	95	90,25	95	95	90,25	85,50

Le recours à un holding néerlandais s'avère, après le holding français, l'alternative la plus intéressante, le seul handicap étant l'impossibilité d'imputer les retenues à la source "d'entrée" sur les retenues à la source "de sortie", ce qui conduit, pour les revenus des filiales non CEE, à la perception d'une double retenue à la source.

3. SYNTHESE DES PERFORMANCES PAR HOLDING
3.1 Holding français de droit commun

Localisation des filiales	All.	UK	Esp.	EU	Jap.
Dividende distribué	100	100	100	100	100
Disponible pour autofinancement au niveau du holding français de droit commun	95	100	100	95	90
Disponible pour autofinancement au niveau du holding français tête de groupe	66,67	66,67	66,67	66,67	66,67
Revenu total pour les actionnaires finaux français (avoir fiscal compris)	100	100	100	100	100
Revenu total pour un actionnaire néerlandais	95	100	100	95	90
Revenu total pour un actionnaire américain	90,25	95	95	90,25	85,50

Le recours à un holding français de droit commun peut être envisagé lorsque l'on cherche à optimiser :
- le disponible pour autofinancement au niveau de ce holding intermédiaire (les dividendes ne sont appréhendés ni par le holding français tête de groupe, ni, *a fortiori*, par les actionnaires finaux) ;
- la situation des actionnaires finaux, en cas de redistribution intégrale par le holding français tête de groupe.

En revanche, le recours au holding de droit commun génère un surcoût important lorsque l'on localise à titre plus ou moins définitif les dividendes au niveau du holding français tête de groupe, du fait de l'effet précompte.

3.2 Holding français de participations étrangères

Localisation des filiales	All.	UK	Esp.	EU	Jap.
Dividende distribué	100	100	100	100	100
Disponible pour autofinancement au niveau du holding français de participations étrangères	95	100	100	95	90
Disponible pour autofinancement au niveau du holding français tête de groupe	95	100	100	95	90
Revenu total pour les actionnaires finaux français (avoir fiscal compris)	100	100	100	100	100
Revenu total pour un actionnaire néerlandais	95	100	100	95	90
Revenu total pour un actionnaire américain	95	95	95	95	90

Le recours à un holding français de participations étrangères permet un double progrès par rapport à la détention par un holding français de droit commun :
- d'une part, il évite l'effet précompte et permet d'optimiser indifféremment l'autofinancement à son niveau ou à celui du holding français tête de groupe, tout en sauvegardant la capacité distributrice de ce dernier ; il offre ainsi une grande flexibilité ;

- d'autre part, il permet d'augmenter le montant distribuable effectivement perçu par l'actionnaire américain, dans la mesure où l'absence de précompte évite que, sur le remboursement du précompte, ne soit prélevée une retenue à la source (sur laquelle ne peut être imputée la retenue à la source "d'entrée").

3.3 Holding belge

Localisation des filiales	All.	UK	Esp.	EU	Jap.
Dividende distribué	100	100	100	100	100
Disponible pour autofinancement au niveau du holding belge	95	100	100	95	85
Disponible pour autofinancement au niveau du holding français tête de groupe	93,15	98,05	98,05	93,15	83,34
Revenu total pour les actionnaires finaux français (avoir fiscal compris)	93,15	98,05	98,05	93,15	83,34
Revenu total pour un actionnaire néerlandais	93,15	98,05	98,05	93,15	83,34
Revenu total pour un actionnaire américain	88,49	93,15	93,15	88,49	79,17

Le recours à un holding belge, par rapport à un holding français, conduit à différents types de "frottements" fiscaux, dus à :
- la quote-part de frais et charges à raison de la perception du dividende par le holding belge ;
- des retenues à la source "d'entrée" potentiellement plus élevées avec des filiales non CEE à cause d'un réseau conventionnel moins développé que celui de la France ;
- l'impossibilité d'imputer les retenues à la source "d'entrée" sur les retenues "de sortie" conduisant à des phénomènes de double perception de retenue à la source lorsque les filiales et les actionnaires du holding sont non CEE.

3.4 Holding néerlandais

Localisation des filiales	All.	UK	Esp.	EU	Jap.
Dividende distribué	100	100	100	100	100
Disponible pour autofinancement au niveau du holding néerlandais	95	100	100	95	90
Disponible pour autofinancement au niveau du holding français tête de groupe	95	100	100	95	90
Revenu total pour les actionnaires finaux français (avoir fiscal compris)	95	100	100	95	90
Revenu total pour un actionnaire néerlandais	95	100	100	95	90
Revenu total pour un actionnaire américain	90,25	95	95	90,25	85,5

Le holding néerlandais s'avère presque aussi favorable que le holding français, à ceci près que la double imputation des crédits d'impôt n'étant pas autorisée aux Pays-Bas, les flux des dividendes non CEE redistribués à un actionnaire non CEE souffrent d'une double retenue à la source : le holding français est donc meilleur, à cet égard, pour l'actionnaire américain.

3.5 Holding luxembourgeois (SOPARFI)

Localisation des filiales	All.	UK	Esp.	EU	Jap.
Dividende distribué	100	100	100	100	100
Disponible pour autofinancement au niveau du holding luxembourgeois	95	100	100	95	80
Hypothèse 1 : Disponible pour autofinancement au niveau du holding français tête de groupe	95	100	100	95	80
Revenu total pour les actionnaires finaux français (avoir fiscal compris)	95	100	100	95	80
Hypothèse 2 : Revenu total pour un actionnaire néerlandais	95	100	100	95	80
Hypothèse 3 : Revenu total pour un actionnaire américain	90,25	95	95	90,25	76

A l'impossibilité d'imputer les retenues à la source "d'entrée" sur les retenues à la source "de sortie" s'ajoute ici la relative faiblesse du réseau conventionnel luxembourgeois, conduisant à des frottements fiscaux non négligeables en présence d'actionnaires non CEE.

2. CARACTERISTIQUES DES DIFFERENTS HOLDINGS

1. ENVIRONNEMENT FISCAL

Localisation du holding	France	Belgique	Luxembourg (Soparfi)	Pays-Bas
Régime fiscal	Imposable	Imposable	Imposable	Imposable
Taux IS	33 1/3 %	39 %	39,39 %	40/35 %
Limitation d'activités	Non [1]	Non	Non	Non
Protection conventionnelle	80 conventions	45 conventions	19 conventions	48 conventions
Droit d'apport	500 FF	0,50 % (déductible)	1 %	1 % (exoné. possible)
Ratio dettes/capitaux propres	Non [2]	Non	Oui	Oui

(1) Sauf holding de participations étrangères.
(2) Sauf en cas de prêt consenti par l'actionnaire direct.

Ce tableau regroupe les caractéristiques les plus importantes de l'environnement fiscal des holdings étudiés.

Régime fiscal et taux de l'impôt sur les sociétés

Ces renseignements sont utiles aux groupes qui souhaitent mettre en place un holding mixte, i.e. un holding ayant une activité autre que la simple détention de participations. En effet, les revenus autres que les dividendes ou les plus-values peuvent alors être imposés au taux plein.

Limitation d'activité

La mise en place d'un holding mixte peut être éventuellement compromise si le champ d'activité du holding est limité. Les possibilités d'évolution du holding et la flexibilité du régime sont des paramètres qui peuvent s'avérer essentiels.

Protection conventionnelle

Les conventions fiscales internationales limitent les phénomènes de double imposition et permettent de limiter au minimum l'impact des retenues à la source, notamment sur les dividendes.

Ainsi, plus le réseau conventionnel dont bénéficie un holding est dense, plus le risque de double imposition lors de la perception des dividendes de filiales étrangères par le holding ou lors de la redistribution des dividendes aux actionnaires étrangers est faible.

La France bénéficie d'un réseau conventionnel très développé, particulièrement avec les pays développés mais également avec l'Afrique, traditionnellement. Il tend aussi à se développer dans d'autres zones comme l'Amérique Centrale et l'Amérique du Sud.

Droit d'apport

Ces droits constituent un coût de formation du holding souvent incontournable, et dont l'impact peut s'avérer un élément décisif lors du choix de la localisation du holding.

Ratio dettes/capitaux propres

Un tel ratio, quand il existe, constitue une contrainte pesant sur la structure de financement du holding. Il peut limiter le recours à un levier financier en restreignant les possibilités de déduction des prêts consentis, par des sociétés liées.

2. IMPOSITION DES DIVIDENDES

Localisation du holding	France	Belgique	Luxembourg (Soparfi)	Pays-Bas
Application de la directive CEE (sociétés mères et filiales)	Oui	Oui	Oui	Oui
Régime fiscal	Exonération	95 % déductible	Exonération	Exonération
Imputation des crédits d'impôt étrangers	Sur RAS de sortie	Non	Limitée	Non
Cas d'exclusion du régime	Art. 209-B CGI	"Tainted" countries	Taux d'imposition < 15 %	Investissement passif
Ruling	Non	Possible	Non	Possible
Durée de détention des titres exigée	Engagement de conservation (2 ans) ou titres souscrits à l'émission	Non	Fin d'exercice + au moins 12 mois consécutifs auparavant	Non
Seuil de détention des titres requis	10 %, ou 150 MFF	Non	10 %, ou 50 M flux	5 %
Frais de financement	Déductibles	Déductibles	Limités	Non déductibles
Frais d'administration	Déductibles	Déductibles	Limités	Limités

Ce second tableau est consacré plus spécifiquement à l'imposition des dividendes au niveau du holding.

Application de la directive CEE (sociétés mères et filiales)

La directive CEE concernant le régime fiscal applicable aux sociétés mères et filiales vise à faciliter la circulation des dividendes au sein des groupes sans pénalisation, en prévoyant l'exonération de toute retenue à la source sur les dividendes payés par les filiales à leur société mère, et en assurant, pour ces dernières, l'élimination de la double imposition sur les dividendes perçus. L'article 4 de la directive pose en effet le principe soit de l'exonération des dividendes dans l'Etat de la société mère, soit de l'imputation de l'impôt acquitté dans le pays de la filiale.

Seuls certains holdings peuvent bénéficier de l'application de cette directive.

Les holdings qui ne peuvent en bénéficier tels les holdings "1929" luxembourgeois sont peu attractifs pour un groupe multinational présent en Europe.

Régime fiscal - imputation des crédits d'impôt étrangers

Le régime des holdings se décline de deux façons :
- exonération des dividendes. L'exonération dont bénéficient les dividendes perçus par le holding n'est cependant pas toujours totale. Le pourcentage des dividendes perçus non exonéré est imposable au taux d'impôt sur les sociétés figurant dans le tableau 2.1 ;
- imputation des crédits d'impôt étrangers. Cette imputation est particulièrement efficace dans le système français où les crédits d'impôt étrangers ne sont pas perdus (malgré l'exonération totale des dividendes perçus) dans la mesure où ils peuvent être imputés sur la retenue à la source (éventuellement) due lors de la redistribution de ces dividendes (cas où le groupe français a un actionnaire non CEE).

Cas d'exclusion du régime

Sont regroupées ici les différentes dispositions qui peuvent faire échec au bénéfice de l'exonération des dividendes.

Cette exclusion peut résulter de dispositifs variés :
- régimes d'imposition directe au niveau de la société française des résultats des filiales étrangères faiblement taxées (tel l'article 209 B en France) ;
- exclusion du régime société mère et filiale lorsque la filiale n'est pas taxée "normalement".

Ruling

Pour lever les incertitudes sur l'application du régime d'exonération des dividendes, il est possible dans certains pays de demander une validation *a priori* des structures de groupe envisagées. Une telle sécurité juridique peut, dans certaines situations, être un élément décisif.

Durée de détention des titres exigée - seuil de détention des titres requis

Le régime des holdings est parfois soumis à certaines conditions de durée et de pourcentage de détention des titres par le holding. Il est important de déterminer l'existence de tels délais dans la mesure où elle peut conduire à repousser de plusieurs années le bénéfice effectif de l'exonération. Quant au seuil de détention, il varie selon les Etats, et permet donc un choix effectif.

Frais de financement - frais d'administration

L'exonération des dividendes perçus par le holding est parfois compensée par une limitation (totale ou partielle) de la déductibilité des frais financiers et des frais de gestion liés à la détention des participations.

C'est là un critère essentiel, notamment pour permettre une localisation efficace de l'endettement. Pour ce faire, dans la mesure où les dividendes sont, en principe, perçus en franchise d'impôts, il convient de localiser d'autres types de revenus au niveau du holding, afin de permettre une imputation et une économie d'impôt effectives.

3. RETENUES A LA SOURCE

Localisation du holding	France	Belgique	Luxembourg (Soparfi)	Pays-Bas
Distribution à des actionnaires CEE :				
Taux RAS :	0 %	0 %	0 %	0 %
- Seuil de détention	25 %	25 %	25 %	25 %
- Durée de détention	2 ans	1 an	2 ans	1 an
- Sociétés concernées	Précisé dans la directive CEE	Précisé dans la directive CEE	Précisé dans la directive CEE	Précisé dans la directive CEE

Localisation du holding	France	Belgique	Luxembourg (Soparfi)	Pays-Bas
Distribution à des actionnaires hors CEE (ou CEE, hors application de la Directive) :				
Taux normal	25 %	25 %	15 %	25 %
Taux réduit (conventions)	0 - 15 %	5 - 15 %	2,5 - 10 %	0 - 15 %

Les deux tableaux ci-dessus résument les taux de retenue à la source applicables dans les pays où les holdings étudiés sont localisés, en opérant une distinction selon que la distribution est réalisée au profit d'actionnaires localisés dans des pays de la CEE ou localisés hors CEE.

Distribution à des actionnaires CEE

Le bénéfice de l'exonération de retenue à la source est lié à la directive CEE sur les sociétés mères et filiales présentée au tableau précédent. Il est soumis au respect de conditions de seuil de détention et de durée de détention. Il ne concerne que les sociétés mentionnées dans la directive.

Distribution à des actionnaires hors CEE (ou CEE hors directive)

Lorsque la directive sur les sociétés mères et filiales précitée ne s'applique pas, le taux de retenue à la source applicable est, soit le taux défini par le droit interne du pays de la société distributrice, soit le taux réduit prévu par la convention fiscale visant à limiter la double imposition lorsque celui-ci est applicable.

4. PLUS-VALUES ET MOINS-VALUES DE CESSION

Localisation du holding	France	Belgique	Luxembourg (Soparfi)	Pays-Bas
Plus-values :				
Régime fiscal	Taux réduit : 18 %	Exonération	Exonération	Exonération
Seuil de détention des titres	Non	Non	25 % part. ou : Part. > 250 M flux	5 %
Durée de détention des titres	2 ans	Non	12 mois avant le début de l'exercice d'aliénation	Non
Conditions de réinvestissement	Non	Non	Non	Non
Type de cessions	Pas de limitation	Pas de limitation	Pas de limitation	Pas de limitation
Réserves réglementées	Oui	Non	Non	Non
Mesures anti-abus	Non	Oui	Oui	Non
Moins-values :				
Moins-values constatées mais non réalisées	Déductibles à 18 % (MVLT)	Non déductibles	Déductibles	Non déductibles
Moins-values réalisées	Déductibles (MV C/LT) détenues depuis plus de 2 ans déductibles des PV des années suivantes	Non déductibles (sauf en cas de liquidation)	Déductibles	Non déductibles (sauf pour certaines pertes de liquidation)

Plus-values

Sont regroupés dans le tableau, le **régime fiscal** privilégié applicable aux plus-values et les conditions d'application de ce régime.

Les conditions d'application sont en général liées :
- **au seuil de détention** des titres ;
- **à la durée de détention** ;
- au **réinvestissement** des plus-values ou à la constitution de **réserves réglementées**.

Ces deux conditions constituent des formes de limitation de la liberté de disposition des plus-values réalisées.
- ou **au type de cession** (vente, apport, etc.).

D'autre part, certains pays ont mis en place des **mesures anti-abus** qui s'ajoutent aux conditions générales d'application du régime.

Moins-values

Le prix de l'exonération des plus-values est bien souvent la non-déductibilité des moins-values **constatées mais non réalisées** ou **réalisées**.

Cette non-déductibilité doit rester présente à l'esprit de l'investisseur car elle peut **s'avérer pénalisante dans l'hypothèse de la liquidation d'une participation déficitaire.**

5. ASPECTS JURIDIQUES

Localisation du holding	France	Belgique	Luxembourg (Soparfi)	Pays-Bas
Capital social minimum	50 000 / 250 000 F*	1 250 000 F Bel.	1 250 000 Flux	40 000 Fl.
Nombre minimum d'actionnaires	1 / 7*	2	2	1
Nombre minimum d'administrateurs	- / 3*	3	3	1
Possibilités de conventions de vote	Non	Oui	Oui	Oui
Majorité requise aux assemblées générales	50 % + 1	50 % + 1	50 % + 1	Variable (/statuts)
Différentes catégories d'actions	- / Oui*	Oui	Oui	Oui
Distributions de dividendes variées suivant les différentes catégories d'actions	Non	Oui	Oui	Oui
Formalisme	Important	Important	Peu important	Minimum
Restrictions à la libre cession des actions : - à un tiers - entre actionnaires	Oui Clauses d'agrément	Oui Préemption + Approbation	Oui	Oui Préemption + Approbation
Exclusion des actionnaires minoritaires	Non	Oui mais exigences très strictes	Non	Oui

* SARL/SA.

Sont regroupées dans ce tableau, les caractéristiques juridiques des différents holdings afin de mettre en évidence les contraintes ou au contraire la souplesse des structures juridiques envisagées.

Ces caractéristiques peuvent constituer un critère d'arbitrage entre deux structures équivalentes du point de vue fiscal.

Capital social - nombre minimum d'actionnaires - nombre minimum d'administrateurs

Les quatre holdings étudiés doivent être dotés d'un capital social minimum. Ils peuvent être créés par une société seule ou par plusieurs sociétés, la structure la plus défavorable étant la société anonyme française pour laquelle un minimum de sept actionnaires est requis.

Possibilités de conventions de vote

Les conventions de vote donnent une plus grande sécurité juridique dans les sociétés où plusieurs actionnaires cohabitent (en cas notamment de joint-venture).

Majorité requise aux assemblées générales

De la majorité requise aux assemblées générales dépendent notamment les possibilités pour l'actionnaire majoritaire d'ouvrir le capital du holding à d'autres partenaires.

Différentes catégories d'actions

Une des solutions pour concilier ouverture du capital du holding et maîtrise de la majorité requise aux assemblées générales peut être (par exemple) la création d'actions à droit de vote double.

Possibilité d'émettre des catégories d'actions aux caractéristiques différentes

De tels instruments financiers peuvent concilier les intérêts divergents des différents actionnaires au sein du holding en émettant des classes différentes d'actions.

Formalisme

Le poids du formalisme peut entraîner un surcoût indirect lié au suivi administratif.

Restriction à la libre cession des actions

Une telle restriction peut intéresser l'actionnaire qui ne souhaite pas voir les droits sociaux du holding, qui sont détenus par les autres actionnaires, cédés à un tiers sans qu'il puisse intervenir.

Exclusion des actionnaires minoritaires

La possibilité d'une telle exclusion peut conduire un actionnaire potentiel, qui n'a de vocation qu'à prendre une participation minoritaire, à refuser certaines structures de holding.

3. TABLEAUX DE SYNTHESE

Les deux tableaux suivants mettent en évidence **les holdings les plus performants** (i.e. : disposant d'un montant maximum de points) **pour chaque actionnaire selon que les dividendes proviennent de filiales localisées dans des pays de la CEE ou hors CEE.**

1. PALMARES DES DIFFERENTES LOCALISATIONS : TABLEAU DE REMONTEE DES DIVIDENDES
(Les holdings les plus performants sont notés "1")

1.1 Dividendes versés par les filiales CEE

Localisations des actionnaires	Pays-Bas	France	USA
Holding français (droit commun)	2	3	1
Holding français (participations étrangères)	1	1	1
Holding belge	2	2	3
Holding luxembourgeois	1	1	2
Holding néerlandais	1	1	2

1.2 Dividendes versés par des filiales hors CEE

Localisations des actionnaires	Pays-Bas	France	USA
Holding français (droit commun)	2	3	2
Holding français (participations étrangères)	1	1	1
Holding belge	3	2	4
Holding luxembourgeois	3	2	4
Holding néerlandais	1	1	3

2. PALMARES DES DIFFERENTES LOCALISATIONS SELON LES OBJECTIFS RECHERCHES

Le tableau suivant classe les holdings en fonction des objectifs recherchés (les holdings les plus performants sont notés "1").

Les objectifs sélectionnés dans ce tableau reprennent les différents thèmes étudiés dans les tableaux précédents :
- exonération des dividendes ;
- déductibilité des frais financiers liés à la détention des participations ;
- coût de la redistribution des profits aux actionnaires ;
- souplesse de la structure juridique ;
- exonération des plus-values ;
- coût de formation du holding.

Objectifs	France*	Belgique	Luxembourg (Soparfi)	Pays-Bas
Exonération des dividendes	1	2	1	1
Déduction des charges financières	1	2	2	3
Réduction des coûts de distribution	1/2	1	1	1
Souplesse de la structure juridique	2	2	2	1
Exonération des plus-values	4	1	2	1
Coût de formation	1	2	3	2

* droit commun / participations étrangères.

Le second tableau classe les différents holdings en fonction des objectifs qui leur sont assignés :
- **l'acquisition par le holding des participations ;**
- **la gestion des flux de dividendes pendant la détention des participations ;**
- **le désengagement du holding par cession des participations.**

Objectifs	France	Belgique	Luxembourg (Soparfi)	Pays-Bas
Acquisition	1	2	2	4
Détention	3/1	2	1	1
Cession	4	1	2	1

Chapitre 3

L'optimisation des remontées de dividendes

Un des objectifs du holding est de permettre une circulation des dividendes aussi fluide que possible tout en minimisant la charge fiscale d'ensemble.

Pour bien mesurer l'intérêt qu'est susceptible de présenter telle ou telle localisation de holding, il est essentiel d'identifier d'abord la structure du groupe.

Cette structure va dépendre de la nationalité :
- des filiales ;
- des actionnaires du groupe.

Aux deux extrêmes du spectre, il y a :
- le groupe purement français : à la fois les filiales et les actionnaires du groupe sont français ;
- le groupe multinational dont à la fois les filiales et les actionnaires sont localisés dans des Etats autres que la France.

C'est pourquoi nous analyserons plus particulièrement trois types de situations :
- groupe purement français ;
- groupe français possédant des filiales en France et à l'étranger ;
- groupe multinational à forte composante française possédant des filiales en France et à l'étranger.

Approche retenue

Parler d'optimisation dans un groupe suppose, en premier lieu, que l'on se fixe des objectifs précis quant aux éléments que l'on entend optimiser.

En effet, l'intérêt d'un holding étranger et la question de sa localisation s'apprécient d'une manière différente selon le niveau auquel on veut maximiser le dividende reçu.

Schématiquement, dans le cas d'un groupe, on a, au moins, trois niveaux :
- celui des filiales ;
- celui du holding français (que l'on appellera par la suite "holding français tête de groupe") ;
- celui des actionnaires du groupe :

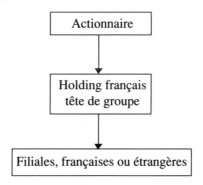

Dans le cas d'un holding interposé (français ou étranger), la structure devient la suivante :

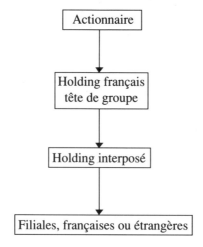

> Il est essentiel, pour bien choisir sa structure de holding, de se fixer des objectifs précis quant au(x) niveau(x) où l'on veut maximiser les dividendes :
> - maximisation des sommes au niveau du holding, par exemple pour financer des acquisitions, le développement de nouvelles filiales, etc. ;
> - maximisation des sommes au niveau du holding français tête de groupe, afin de permettre à celui-ci de faire face à ses frais financiers, ses investissements ;
> - maximisation du dividende perçu par les actionnaires finaux, en prélevant leur rémunération sur les dividendes des filiales.

Dans les différents schémas qui seront analysés plus loin, la méthode adoptée consiste à déterminer quelle structure maximise un dividende de filiale de 100, en termes :
- d'autofinancement du holding ;
- d'autofinancement du holding français tête de groupe ;
- de revenu distribué aux actionnaires finaux, avoir fiscal inclus.

Cela étant, dans biens des cas, il n'est pas possible de fixer, *a priori*, un objectif totalement clair au holding : ainsi, des phases d'autofinancement précéderont une phase ultérieure d'autofinancement du holding français tête de groupe lui-même puis de redistribution aux actionnaires. Les tableaux présentés plus loin permettent également de déterminer des "mix" satisfaisants.

1. GROUPE PUREMENT FRANCAIS

Dans le cas d'un groupe purement français, la détention des filiales françaises par un holding étranger interposé, si elle s'avérait possible au regard des règles du contrôle des changes, n'est pas à recommander.

En effet, cette interposition conduit à la perte de l'avoir fiscal attaché normalement aux dividendes versés par les filiales françaises. Dès lors, le montant disponible pour redistribution aux actionnaires finaux se trouve amputé du tiers (ce montant correspondant au précompte). En effet, lors du passage du dividende par le holding étranger, l'avoir fiscal attaché à ce dividende sous-jacent sera perdu, parce que, sauf exception, les holdings étrangers ne sont pas en droit de bénéficier de l'avoir fiscal attaché aux dividendes de source française.

En cas de redistribution par le holding français de dividendes perçus par l'intermédiaire d'un holding étranger, ces dividendes seront soumis au précompte sans que ce dernier puisse être acquitté par imputation de l'avoir fiscal correspondant aux dividendes reçus, ce qui entraînera un coût net correspondant au précompte comme le montre le schéma suivant :

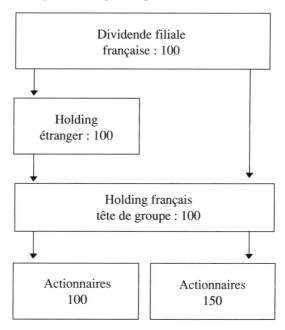

Comme le détaille le chiffrage ci-après :

	Holding étranger	Perception directe
Dividende distribué par une filiale française	100	100
Retenue à la source vers le holding étranger	-	N/A
Imposition au niveau du holding étranger	-	N/A
Disponible pour autofinancement au niveau du holding étranger	100	N/A
Retenue à la source vers le holding français tête de groupe	-	N/A
Imposition au niveau du holding français tête de groupe	-	-
Disponible pour autofinancement au niveau du holding français tête de groupe	100	100
Précompte théorique dû en cas de redistribution de ces sommes par le holding français	33,33	50
Avoir fiscal	N/A	(50)
Crédit d'impôt étranger	-	N/A
Précompte effectivement dû	33,33	-
Net distribuable par le holding français	66,67	100
Avoir fiscal correspondant	33,33	50
Revenu total pour les actionnaires fiscaux	100	150

2. GROUPE FRANCAIS DETENANT DES FILIALES A L'ETRANGER

C'est surtout dans cette hypothèse que le recours à un holding étranger pourra s'avérer une alternative intéressante.

Bien entendu, l'interposition d'un holding étranger ne devra pas conduire à un surcoût fiscal.

Par rapport à cet objectif de neutralité, on peut déjà, à ce stade, faire un certain nombre de remarques.

1. La neutralité vaudra surtout pour les filiales localisées dans des Etats de la CEE. **En effet, pour les cas de filiales localisées hors de la CEE :**
   - d'une part, **une telle situation conduira à la perception d'une retenue à la source sur les sommes distribuées par la filiale étrangère au holding étranger** ; or, la retenue à la source perçue au niveau de la filiale étrangère ne pourra être imputée sur le précompte éventuellement dû en cas de redistribution de ces mêmes sommes par le holding français, ce qui conduit alors à une diminution du revenu total perçu par les actionnaires finaux comme le montre le schéma suivant :

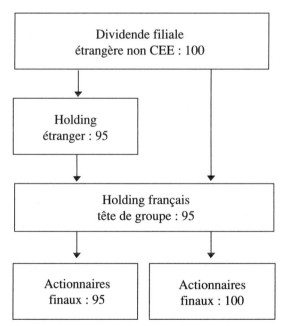

Comme le détaille le chiffrage ci-après :

	Holding étranger	Perception directe
Dividende distribué par la filiale étrangère	100	100
Retenue à la source vers holding étranger	(5)	N/A
Imposition au niveau du holding étranger	-	N/A
Disponible pour autofinancement au niveau du holding étranger	95	N/A
Retenue à la source vers le holding français tête de groupe	-	(5)
Imposition au niveau du holding français tête de groupe	-	-
Disponible pour autofinancement au niveau du holding tête de groupe	95	95
Précompte théorique dû en cas de redistribution de ces sommes par le holding français tête de groupe	31,66	33,33
Crédit d'impôt étranger	-	(5)
Précompte effectivement dû	31,66	28,33
Net distribuable par le holding français	63,33	66,67
Avoir fiscal correspondant	31,66	33,33
Revenu total pour les actionnaires finaux	**95**	**100**

- d'autre part, la retenue à la source perçue au niveau de la filiale étrangère à raison des dividendes distribués au holding étranger peut être soit plus élevée, soit plus faible que celle qui aurait été perçue en cas de distribution directe au holding français. Ces effets ne seront évidemment pas systématiquement dans le même sens. Reste qu'il apparaît essentiel que le holding étranger bénéficie d'un réseau de conventions fiscales au moins aussi étendu que celui dont aurait disposé la société française. L'exemple ci-après illustre le cas où la retenue à la source perçue sur le dividende vers le holding étranger est plus élevée que celle qui aurait été due en cas de dividende direct vers le holding français.

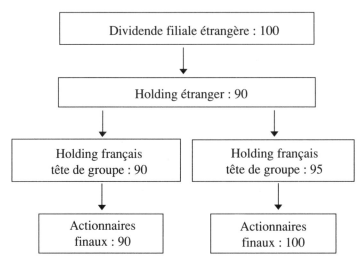

Comme le détaille le chiffrage ci-après :

	Holding étranger	Perception directe
Dividende distribué par la filiale étrangère non CEE	100	100
Retenue à la source vers le holding étranger	(10)	N/A
Imposition au niveau du holding étranger	-	N/A
Disponible pour autofinancement au niveau du holding étranger	90	N/A
Retenue à la source vers le holding français tête de groupe	-	(5)
Imposition au niveau du holding français tête de groupe	-	-
Disponible pour autofinancement au niveau du holding français tête de groupe	90	95
Précompte théorique dû en cas de redistribution de ces sommes par le holding français	30	33,33
Crédit d'impôt étranger	-	(5)
Précompte effectivement dû	30	28,33
Net distribuable par le holding français	60	66,67
Avoir fiscal correspondant	30	33,77
Revenu total pour les actionnaires finaux	**90**	**100**

La différence de 10 s'explique par deux facteurs :
- d'une part, l'excédant du taux de retenue à la source (10 - 5 = 5 %) ;
- d'autre part, l'impossibilité d'imputer la retenue à la source lorsqu'est interposé un holding étranger (5 - 0 = 5 %).

2. En revanche, l'interposition d'un holding étranger peut conduire à un gain net d'impôt lorsqu'elle permet de remonter sous forme de dividendes sociétés mère et filiale des plus-values réalisées par le holding interposé. L'exemple ci-après suppose un holding CEE exonérant les plus-values sur titres de participation des filiales cédés. On suppose par ailleurs que le holding français devrait être en mesure de bénéficier du régime des plus-values à long terme à raison d'une telle cession. **L'avantage procuré par l'interposition d'une holding étranger réside essentiellement, si ce n'est exclusivement, dans une maximisation du montant disponible pour autofinancement par le holding français tête de groupe.**

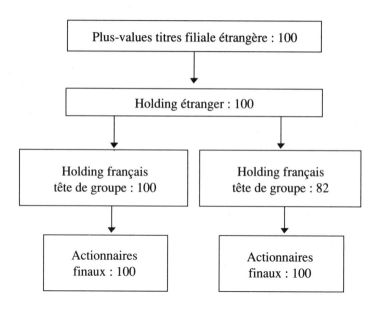

Comme le détaille le chiffrage ci-après :

	Holding étranger	Réalisation directe de la PV
Plus-value	100	100
Imposition au niveau du holding étranger	-	N/A
Disponible pour autofinancement au niveau du holding étranger	100	N/A
Retenue à la source vers le holding français tête de groupe	-	N/A
Imposition au niveau du holding français tête de groupe	-	(18)
Disponible pour autofinancement au niveau du holding français tête de groupe	100	82
Précompte dû en cas de redistribution de cette somme par le holding français tête de groupe	(33,33)	(15,33)
Net distribuable par le holding français tête de groupe	66,67	66,67
Avoir fiscal correspondant	33,77	33,33
Revenu total pour les actionnaires finaux	**100**	**100**

Il n'y a ainsi de gain qu'en termes d'autofinancement pour le holding français. En cas de redistribution, la perception du précompte, d'une part, celle du complément d'impôt sur les sociétés, d'autre part, aboutit à une neutralisation de la charge d'impôt, qui s'établit dans les deux cas à un taux effectif de 33,33 %.

Les tableaux qui suivent décrivent l'impact sur les flux de dividendes des différents choix de holding possibles, avec le schéma de base suivant :

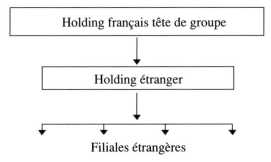

Le holding étranger est tour à tour localisé :
- aux Pays-Bas ;
- au Luxembourg ;
- en Belgique.

Les filiales étrangères quant à elles sont localisées :
• dans la CEE :
  - en Allemagne ;
  - en Grande-Bretagne ;
  - en Espagne.
• hors de la CEE :
  - aux Etats-Unis ;
  - au Japon.

1. FILIALES SITUEES DANS LA CEE

Avant d'analyser les effets de chaque localisation de holding possible, il convient, afin de rendre aussi pertinentes que possible les comparaisons, de décrire la situation en cas d'utilisation d'un holding français.

Celui-ci peut être soit de droit commun, soit bénéficier du régime dérogatoire prévu en matière de précompte, situation dans laquelle on se référera au holding dit de participations étrangères.

1.1 Holding français de droit commun

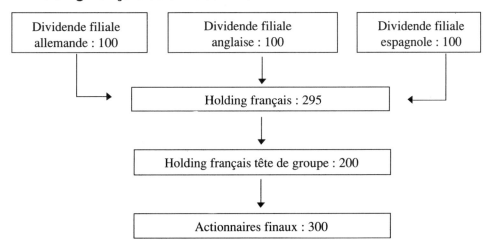

Comme le détaille le chiffrage suivant :

	Allemagne	Gr.-Bretagne	Espagne
Dividende	100	100	100
Retenue à la source vers le holding français	(5)	-	-
Imposition au niveau du holding français	-	-	-
Disponible pour autofinancement au niveau du holding français	95	100	100
Précompte dû en cas de redistribution de ces sommes par le holding français	33,33	295 33,33	33,33
Crédit d'impôt	(5)	-	-
Précompte effectivement dû	28,33	33,33	33,33
Net distribuable par le holding français	66,67	66,67	66,67
Disponible pour autofinancement au niveau du holding français tête de groupe		200 200	
Avoir fiscal correspondant		100	
Revenu total pour les actionnaires finaux		**300**	

Ainsi, dans le régime des holdings de droit commun, le précompte exigible au niveau de ce holding conduit à une ponction du tiers, somme qui ne sera récupérée par le holding français tête de groupe que dans le cas (hypothétique) d'une redistribution intégrale de ces sommes aux actionnaires finaux. En effet, seule une redistribution intégrale permettant de soumettre cette redistribution au précompte, qui peut alors être liquidé au moyen de l'avoir fiscal sous-jacent, permet en fait de transférer la totalité de l'avoir fiscal aux actionnaires finaux.

Lorsqu'une telle redistribution n'a pas lieu ou n'est que partielle, l'avoir fiscal est perdu ou utilisé partiellement. C'est pourquoi, dans une telle hypothèse, il est plus avantageux, lorsque cela est possible, de recourir au régime dérogatoire des holdings dits "de participations étrangères".

1.2 Holding de participations étrangères

En simplifiant, ces holdings sont exonérés de tout précompte à raison des dividendes qu'ils redistribuent, sachant que l'actionnaire bénéficie néanmoins des crédits d'impôt éventuellement attachés aux dividendes perçus par le holding.

Le schéma est alors le suivant :

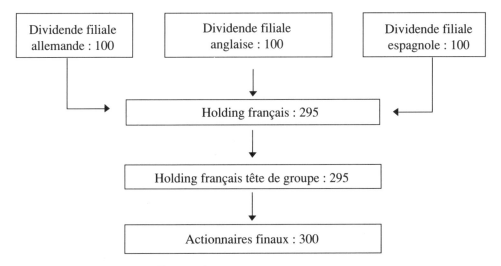

Comme le détaille le chiffrage suivant :

	Allemagne	Gr.-Bretagne	Espagne
Dividende distribué par la filiale étrangère	100	100	100
Retenue à la source vers le holding français	(5)	-	-
Imposition au niveau du holding français	-	-	-
Disponible pour autofinancement au niveau du holding français	95	100	100
Précompte dû en cas de redistribution de ces sommes		295 -	
Disponible pour autofinancement au niveau du holding français tête de groupe		295	
Crédit d'impôt y afférent		5	
Net distribuable par le holding français tête de groupe		200	
Avoir fiscal correspondant		100	
Revenu total pour les actionnaires finaux		**300**	

L'avantage par rapport à la structure précédente est clairement visible. En termes d'autofinancement, le holding français tête de groupe perçoit maintenant 295 (au lieu de 200 dans le cas d'un holding de droit commun). Il lui suffit de distribuer un dividende précomptable du double du crédit d'impôt, soit de 10, pour apurer en totalité ce crédit d'impôt (alors que le holding de droit commun devait procéder à une redistribution intégrale, faute de quoi l'avoir fiscal sous-jacent n'était récupéré que partiellement). **Les risques de déperdition de crédits d'impôt sont ainsi fortement minimisés lorsque l'on recourt à un holding de participations étrangères.**

1.3 Holding aux Pays-Bas, en Belgique ou au Luxembourg

Le tableau de remontée de dividendes est identique dans ces trois cas de figure puisque ces trois types de holdings :

- exonèrent totalement les dividendes reçus ;
- bénéficient pleinement de la Directive européenne sur les dividendes, autrement dit, sauf cas dérogatoire (cf. cas de l'Allemagne), aucune retenue à la source n'est prélevée ni au niveau de la filiale étrangère ni au moment de la redistribution du dividende par le holding étranger au holding tête de groupe français.

Le schéma de remontée est alors le suivant :

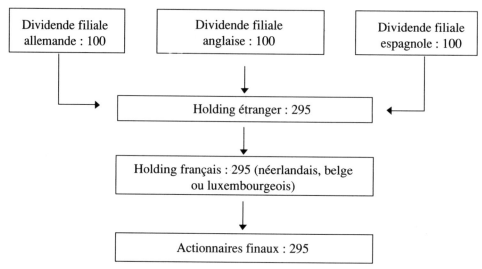

Comme le détaille le chiffrage ci-après :

	Allemagne	Gr.-Bretagne	Espagne
Dividende distribué par la filiale étrangère	100	100	100
Retenue à la source vers le holding français	(5)	-	-
Imposition au niveau du holding étranger	-	-	-
Disponible pour autofinancement au niveau du holding étranger		295	
Retenue à la source vers le holding français	-	-	-
Imposition au niveau du holding français	-	-	-
Disponible pour autofinancement au niveau du holding français tête de groupe		295	
Précompte théorique dû en cas de resdistribution de ces sommes par le holding français tête de groupe	31,66	33,33	33,33
Crédit d'impôt	-	-	-
Précompte dû	31,66	33,33	33,33
Net distribuable par le holding tête de groupe	63,33	66,67	66,67
Avoir fiscal y afférent	31,66	33,33	33,33
	95	100	100
Revenu total pour les actionnaires finaux		295	

1.4 Conclusion

On peut faire la comparaison suivante sur les différents types de localisation possibles, **sachant que l'on n'évoque ici que la question de la remontée des dividendes de source européenne.**

1) La comparaison des **remontées de dividendes** ne permet pas de départager les localisations **étrangères** possibles, puisqu'elles conduisent toutes à un "rendement" identique, qui tendra d'ailleurs vers 100 % (absence de tout "frottement" fiscal) au fur et à mesure que les régimes dérogatoires (retenues à la source) disparaîtront. Il n'y a alors d'imposition des dividendes :
   - ni au niveau de la filiale européenne ;
   - ni au niveau du holding interposé (ni imposition proprement dite, ni retenue à la source lors de la redistribution vers le holding français tête de groupe).

2) Il convient donc de comparer holding étranger et holding français (de droit commun ou de participations étrangères).

   La comparaison doit porter :
   - sur le montant disponible pour autofinancement au niveau du holding français tête de groupe ;
   - sur le montant disponible pour redistribution aux actionnaires finaux par ce même holding tête de groupe.

	Holding étranger	Holding français de droit commun	Holding français de participations étrangères
Disponible pour autofinancement au niveau du holding français tête de groupe	295	200	295
Disponible pour redistribution par le holding français tête de groupe	196,67	200	200
Dividende brut (avoir fiscal inclus) perçu par les actionnaires finaux	295	300	300

On peut faire les remarques suivantes :

1) Aussi paradoxal que cela puisse paraître, le holding **français de participations étrangères** est, **sur le plan de la remontée des dividendes**, la structure la plus performante :
   - en termes d'autofinancement, il s'avère tout aussi avantageux que les holdings étrangers ;
   - en cas de redistribution, il permet, au surplus, d'éviter toute déperdition liée au crédit d'impôt étranger sous-jacent.

2) Les régimes de holding étrangers permettent, autant que le holding français de participations étrangères, de maximiser l'autofinancement au niveau du holding français tête de groupe. En revanche le crédit d'impôt sous-jacent est perdu, ce qui diminue d'autant le montant susceptible d'être distribué en franchise de précompte aux actionnaires finaux. Cela dit, s'agissant ici par hypothèse de dividendes distribués par des filiales européennes, de tels crédits d'impôt sont appelés à disparaître (dérogations temporaires).

3) Le régime français des holdings de droit commun est assurément le moins avantageux, sauf lorsqu'il est procédé à une redistribution intégrale du dividende reçu.

On peut donc dire, en conclusion, lorsque l'on regarde 1) les dividendes 2) de source européenne (en excluant tout aspect lié notamment au régime des plus-values) que le régime français des participations étrangères (lorsque les conditions du régime sont remplies) est une alternative intéressante.

2. FILIALES SITUEES HORS DE LA CEE

Dans les exemples ci-après, deux localisations hors CEE ont été retenues, à savoir le Japon et les Etats-Unis. Ici encore, avant de souligner ce qu'apportent les localisations de holdings hors de France, on a voulu montrer quelle était la situation en cas d'utilisation d'un holding français, soit de droit commun, soit de participations étrangères.

2.1 Holding français de droit commun

Dans un tel cas, la remontée des dividendes peut être schématisée comme suit :

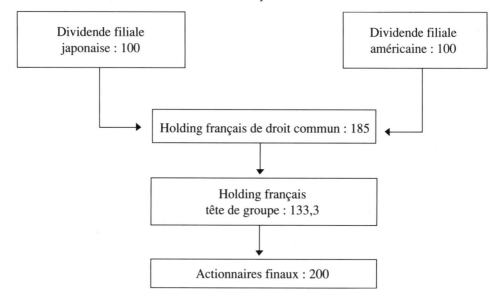

Comme le détaille le chiffrage ci-après :

	Japon	Etats-Unis
Dividende distribué par la filiale étrangère	100	100
Retenue à la source vers le holding français	(10)	(5)
Imposition au niveau du holding français	-	-
Disponible pour autofinancement au niveau du holding français	185	
Précompte théoriquement dû en cas de redistribution de ces sommes vers le holding français tête de groupe	33,33	33,33
Crédit d'impôt	(10)	(5)
Précompte effectivement dû	23,33	28,33
Disponible pour autofinancement au niveau du holding français tête de groupe	133,33	
Net distribuable par holding tête de groupe	133,33	
Avoir fiscal y afférent	66,67	
Revenu total pour les actionnaires finaux	**200**	

2.2 Holding français de participations étrangères

Dans un tel cas, la remontée de dividendes peut être schématisée comme suit :

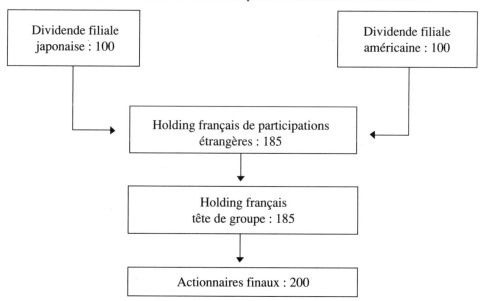

Comme le détaille le chiffrage ci-après :

	Japon	Etats-Unis
Dividende distribué par la filiale étrangère	100	100
Retenue à la source vers le holding français	(10)	(5)
Imposition au niveau du holding français	-	-
Disponible pour autofinancement au niveau du holding français	185	
Précompte effectivement	-	-
Disponible pour autofinancement au niveau du holding français tête de groupe	185	
Crédit d'impôt correspondant	15	
Net distribuable par le holding français tête de groupe	133,33	
Avoir fiscal y afférent	66,67	
Revenu total pour les actionnaires finaux	**200**	

Le recours à un holding français de participations étrangères permet de maximiser le montant disponible pour autofinancement au niveau du holding français tête de groupe, tout en sauvegardant les crédits d'impôt de source étrangère qui pourront ainsi servir en cas de redistribution aux actionnaires finaux.

2.3 Holding aux Pays-Bas

Dans un tel cas, la remontée des dividendes peut être schématisée comme suit :

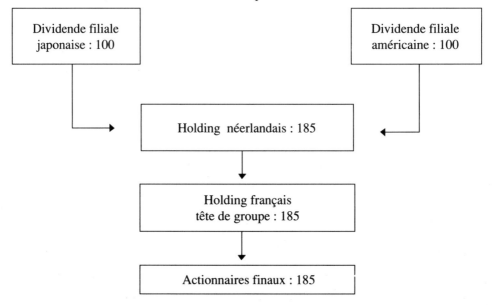

Comme le détaille le chiffrage suivant :

	Japon	Etats-Unis
Dividende distribué par la filiale étrangère	100	100
Retenue à la source vers le holding néerlandais	(10)	(5)
Imposition au niveau du holding néerlandais	-	-
Disponible pour autofinancement au niveau du holding néerlandais	185	
Retenue à la source vers le holding français tête de groupe	-	-
Imposition au niveau du holding français tête de groupe	-	-
Disponible pour autofinancement au niveau du holding français tête de groupe	185	
Précompte théoriquement dû en cas de redistribution de ces sommes vers le holding français tête de groupe	30	31,66
Crédit d'impôt	-	-
Précompte effectivement dû	30	31,66
Net distribuable par le holding français tête de groupe	60	66,33
Avoir fiscal y afférent	30	31,66
Revenu total pour les actionnaires finaux	**90**	**95**
	185	

2.4 Holding au Luxembourg

Dans un tel cas, la remontée des dividendes peut être schématisée comme suit :

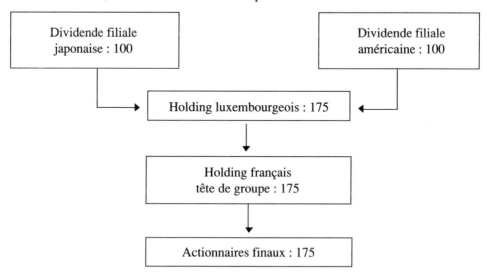

Comme le détaille le chiffrage suivant :

	Japon	Etats-Unis
Dividende distribué par la filiale étrangère	100	100
Retenue à la source vers le holding luxembourgeois	(20)	(5)
Imposition au niveau du holding luxembourgeois	-	-
Disponible pour autofinancement au niveau du holding luxembourgeois	175	
Retenue à la source vers le holding français tête de groupe	-	
Imposition au niveau du holding français tête de groupe	-	
Disponible pour autofinancement au niveau du holding français tête de groupe	175	
Précompte théoriquement dû en cas de redistribution de ces sommes par le holding français tête de groupe	26,66	31,66
Crédit d'impôt	-	-
Précompte dû	26,66	31,66
Net distribuable par le holding français tête de groupe	53,33	63,33
Avoir fiscal y afférent	26,66	26,66
	80	95
Revenu total pour les actionnaires finaux	175	

2.5 Holding en Belgique

Dans un tel cas, la remontée des dividendes peut être schématisée comme suit :

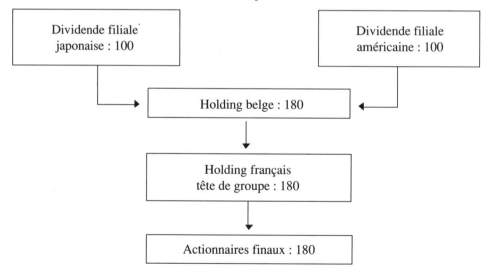

Comme le détaille le chiffrage suivant :

	Japon	Etats-Unis
Dividende distribué par la filiale étrangère	100	100
Retenue à la source vers le holding belge	(15)	(5)
Imposition au niveau du holding belge	-	-
Disponible pour autofinancement au niveau du holding belge	180	
Retenue à la source vers le holding français tête de groupe	-	
Imposition au niveau du holding français tête de groupe	-	
Disponible pour autofinancement au niveau du holding français tête de groupe	180	
Précompte théorique dû en cas de redistribution de ces sommes vers le holding français tête de groupe	28,33	31,66
Crédit d'impôt	-	-
Précompte dû	28,33	31,66
Net distribuable par le holding français tête de groupe	56,67	63,33
Avoir fiscal y afférent	28,33	31,66
	85	95
Revenu total pour les actionnaires finaux	180	

2.6 Conclusion/comparaison

	Disponible pour autofinancement au niveau du holding français tête de groupe	Disponible pour redistribution par le holding français tête de groupe : dividende brut (avoir fiscal inclus)
Holding français de droit commun	133,33	200
Holding français de participations étrangères	185	200
Holding aux Pays-Bas	185	185
Holding au Luxembourg	175	175
Holding en Belgique	180	180

Observations

1) Ici encore, lorsque le régime des holdings français de participations étrangères est applicable, c'est (**toujours au seul plan de la remontée des dividendes**) le plus performant :
- en termes de montant disponible pour autofinancement au niveau du holding français tête de groupe ; ceci est dû ici à l'existence d'une convention entre le Japon et la France plus favorable en termes de retenue à la source sur dividendes que celles signées par le Japon avec les Pays-Bas, le Luxembourg ou la Belgique. **On ne saurait donc généraliser ici.**

L'avantage en termes de dividende distribuable par le holding français tête de groupe à ses propres actionnaires est en revanche bien structurel, puisque c'est uniquement dans l'hypothèse d'une détention directe des filiales étrangères par une société française que l'on est susceptible de récupérer effectivement les crédits d'impôt sous-jacents des filiales étrangères ;
- en termes de maximisation du dividende final perçu par les actionnaires, dans la mesure où le recours à un holding français permet de valoriser le crédit d'impôt étranger sous-jacent.

3. REALISATION D'UNE JOINT-VENTURE INTERNATIONALE CONDUISANT A UN GROUPE MULTINATIONAL AYANT A LA FOIS DES FILIALES HORS DE FRANCE ET DES ACTIONNAIRES HORS DE FRANCE

Pour une entreprise française, cette hypothèse sera, par exemple, celle d'une joint-venture avec un groupe étranger.

Dans le cadre d'un tel rapprochement, plutôt que de procéder à une fusion transnationale, opération lourde et complexe, lorsqu'elle n'est pas simplement impossible du point de vue juridique, on recourt alors à l'apport par les deux groupes de leurs participations respectives à une société holding.

La question essentielle est alors de trouver une localisation qui puisse satisfaire les deux groupes.

Il ne peut évidemment être question de procéder à une étude exhaustive, la nationalité du groupe s'associant au groupe français pouvant être très diverse.

Il a été fait l'hypothèse d'un rapprochement avec, d'une part, un groupe européen ayant déjà une société holding localisée aux Pays-Bas et, d'autre part, un groupe américain, investissant directement à partir d'une société située aux Etats-Unis.

Après l'apport par ces deux groupes de leurs participations respectives concernées par le rapprochement, le groupe présenterait la physionomie suivante :

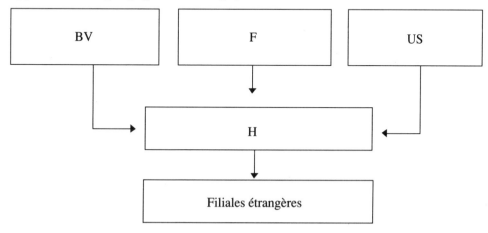

où :
- BV est un holding localisé aux Pays-Bas représentant les intérêts d'un groupe européen autre que français ;

- F est le holding français tête de groupe ;
- US est la société américaine par laquelle intervient l'investisseur américain.

Quant aux filiales étrangères, elles peuvent être soit européennes, soit non CEE.

La question est de déterminer alors une localisation de H qui optimise la situation de chacun des trois groupes.

1. FILIALES EUROPEENNES

La société interposée peut être :
- un holding français de droit commun ;
- un holding français de participations étrangères ;
- un holding localisé aux Pays-Bas ;
- un holding localisé au Luxembourg ;
- un holding localisé en Belgique.

1.1 Holding français de droit commun

Dans un tel cas, la remontée des dividendes peut être schématisée comme suit :

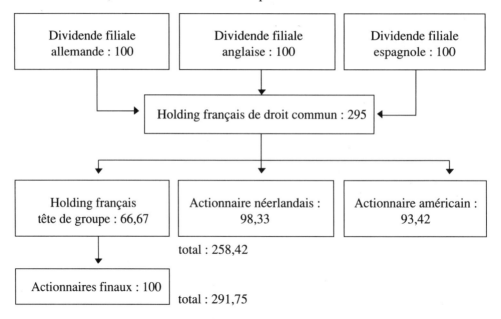

Comme le détaille le chiffrage ci-après :

	Allemagne	Gr.-Bretagne	Espagne
Dividende distribué par la filiale étrangère	100	100	100
Retenue à la source vers le holding	(5)	-	-
Imposition au niveau du holding	-	-	-
Disponible pour autofinancement au niveau du holding		295	
Précompte théoriquement dû en cas de redistribution de ces sommes par le holding français	33,33	33,33	33,33
Crédit d'impôt	(5)	-	-
Précompte effectivement dû	28,33	33,33	33,33
Dividende distribuable	66,67	66,67	66,67
Total dividende distribuable		200	

	Actionnaire français	Actionnaire néerlandais	Actionnaire américain
Dividende allouée	66,67	66,67	66,67
Retenue à la source	-	-	(3,33)
Précompte effectivement remboursé	-	31,67	30,08
Avoir fiscal	33,33	-	-
Total	100	98,33	93,42
Revenu total pour les actionnaires finaux	**100**	**98,33**	**93,42**

1.2 Holding français de participations étrangères

Dans un tel cas, la remontée des dividendes peut être schématisée comme suit :

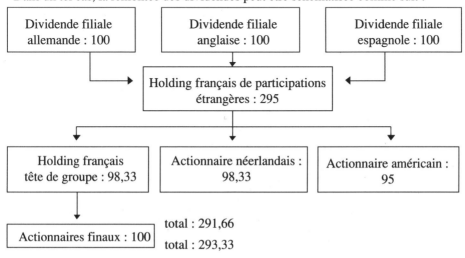

Comme le détaille le chiffrage ci-après :

	Allemagne	Gr.-Bretagne	Espagne
Dividende distribué par la filiale étrangère	100	100	100
Retenue à la source vers le holding	(5)	-	-
Imposition au niveau du holding	-	-	-
Disponible pour autofinancement au niveau du holding		295	
Précompte théoriquement dû en cas de redistribution de ces sommes		-	-
Dividende distribuable	95	100	100
		295	

	Actionnaire français	Actionnaire néerlandais	Actionnaire américain
Dividende alloué	98,33	98,33	98,33
Retenue à la source	-	-	(4,92)
Crédit d'impôt effectivement imposable			1,59
Disponible pour autofiancement au niveau de chacun des actionnaires	98,33	98,33	95
Crédit d'impôt transféré	1,67	-	-
Revenu total pour les actionnaires finaux	**100**	**98,33**	**95**

1.3 Holding localisé aux Pays-Bas ou au Luxembourg

Dans un tel cas de figure, la remontée des dividendes peut être schématisée comme suit :

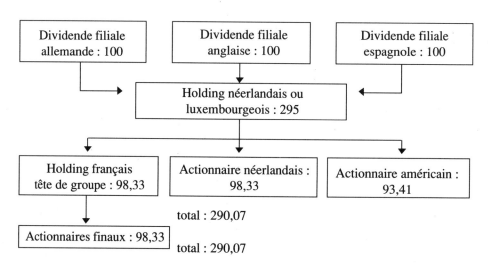

Comme le détaille le chiffrage ci-après :

	Allemagne	Gr.-Bretagne	Espagne
Dividende distribué par la filiale étrangère	100	100	100
Retenue à la source vers le holding étranger	(5)	-	-
Imposition au niveau du holding	-	-	-
Disponible pour autofinancement au niveau du holding		295	

	Actionnaire français	Actionnaire néerlandais	Actionnaire américain
Dividende alloué	98,33	98,33	98,33
Retenue à la source	-	-	(4,92)
Net perçu	98,33	98,33	93,41
Revenu total pour les actionnaires finaux	**98,33**	**98,33**	**93,41**

1.4 Holding localisé en Belgique

Dans un tel cas de figure, la remontée des dividendes peut être schématisée comme suit :

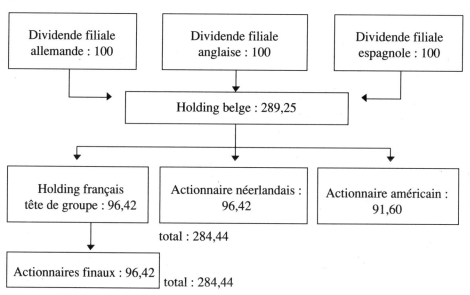

Comme le détaille le chiffrage ci-après :

	Allemagne	Gr.-Bretagne	Espagne
Dividende distribué par la filiale étrangère	100	100	100
Retenue à la source vers le holding belge	(5)	-	-
Total perçu par le holding belge		295	
Imposition au niveau du holding belge	-	5,75	-
Disponible pour autofinancement au niveau du holding belge		289,25	

	Actionnaire français	Actionnaire néerlandais	Actionnaire américain
Dividende alloué	96,42	96,42	96,42
Retenue à la source	-	-	(4,82)
Net perçu	96,42	96,42	91,60
Revenu total pour les actionnaires finaux	**96,42**	**96,42**	**91,60**

2. FILIALES NON CEE

Comme dans le cas précédent, on a envisagé le cas de filiales situées au Japon et aux Etats-Unis.

> Ici encore, le holding interposé peut être :
> - un holding français de droit commun ;
> - un holding français de participations étangères ;
> - un holding aux Pays-Bas ;
> - un holding au Luxembourg ;
> - un holding en Belgique.

2.1 Holding français de droit commun

Dans un tel cas de figure, la remontée des dividendes peut être schématisée comme suit :

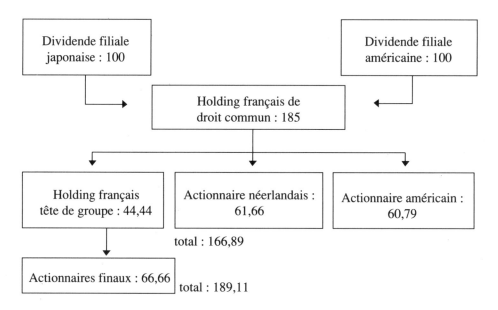

Comme le détaille le chiffrage ci-après :

	Japon	Etats-Unis
Dividende distribué par la filiale étrangère	100	100
Retenue à la source vers le holding	(10)	(5)
Imposition au niveau du holding	-	-
Disponible pour autofinancement au niveau du holding	185	
Précompte théoriquement dû en cas de redistribution de ces sommes par le holding français	33,33	33,33
Crédit d'impôt	(10)	(5)
Précompte effectivement dû	23,33	28,33
Dividende distribuable	66,67	66,67
	133,33	

	Actionnaire français	Actionnaire néerlandais	Actionnaire américain
Dividende alloué	44,44	44,44	44,44
Retenue à la source	-	-	- (*)
Précompte effectivement remboursé	-	17,22	16,35
Disponible pour autofinancement au niveau de chacun des actionnaires	44,44	61,66	60,79
Avoir fiscal	22,22	-	-
Revenu total pour les actionnaires finaux	**66,66**	**61,66**	**60,79**

(*) Le crédit d'impôt d'entrée excède la retenue de sortie qui s'élève à 2,22.

2.2 Holding français de participations étrangères

Dans un tel cas de figure, la remontée des dividendes peut être schématisée comme suit :

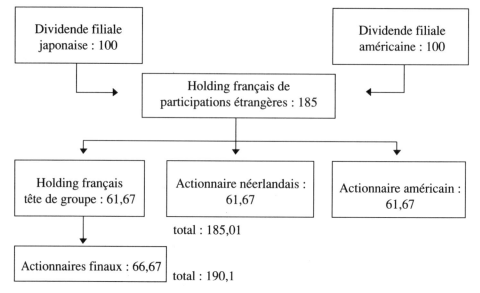

Comme le détaille le chiffrage ci-après :

	Japon	Etats-Unis
Dividende distribué par la filiale étrangère	100	100
Retenue à la source vers le holding	(10)	(5)
Imposition au niveau du holding	-	-
Disponible pour autofinancement au niveau du holding	-	185

	Actionnaire français	Actionnaire néerlandais	Actionnaire américain
Dividende alloué	61,67	61,67	61,67
Retenue à la source	-	-	- (*)
Précompte effectivement remboursé	-	-	-
Disponible pour autofinancement au niveau de chacun des actionnaires	61,67	61,67	61,67
Crédit d'impôt transféré	5	-	-
Revenu total pour les actionnaires finaux	**66,67**	**61,67**	**61,67**

(*) Le crédit d'impôt d'entrée excède la retenue de sortie qui s'élève à 2,22.

2.3 Holding aux Pays-Bas

Dans un tel cas de figure, la remontée des dividendes peut être schématisée comme suit :

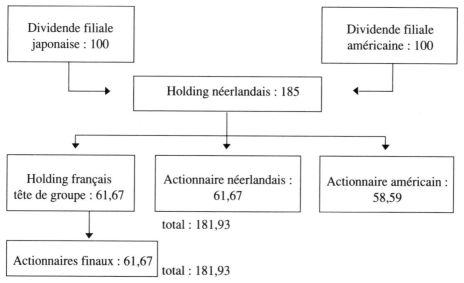

Comme le détaille le chiffrage ci-après :

	Japon	Etats-Unis
Dividende distribué par la filiale étrangère	100	100
Retenue à la source vers le holding néerlandais	(10)	(5)
Imposition au niveau du holding néerlandais	-	-
Disponible pour autofinancement au niveau du holding néerlandais	185	

	Actionnaire français	Actionnaire néerlandais	Actionnaire américain
Dividende alloué	61,67	61,67	61,67
Retenue à la source	-	-	(3,08)
Net perçu	61,67	61,67	58,59
Revenu total pour les actionnaires finaux	**61,67**	**61,67**	**58,59**

2.4 Holding au Luxembourg

Dans un tel cas de figure, la remontée des dividendes peut être schématisée comme suit :

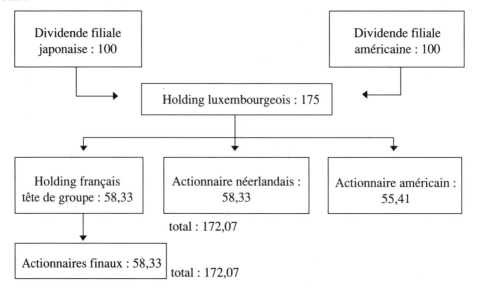

Comme le détaille le chiffrage ci-après :

	Japon	Etats-Unis
Dividende distribué par la filiale étrangère	100	100
Retenue à la source vers le holding luxembourgeois	(20)	(5)
Imposition au niveau du holding luxembourgeois	-	-
Disponible pour autofinancement au niveau du holding luxembourgeois	175	

	Actionnaire français	Actionnaire néerlandais	Actionnaire américain
Dividende alloué	58,33	58,33	58,33
Retenue à la source	-	-	(2,92)
Net perçu	58,33	58,33	55,41
Revenu total pour les actionnaires finaux	**58,33**	**58,33**	**55,41**

2.5 Holding en Belgique

Dans un tel cas de figure, la remontée des dividendes peut être schématisée comme suit :

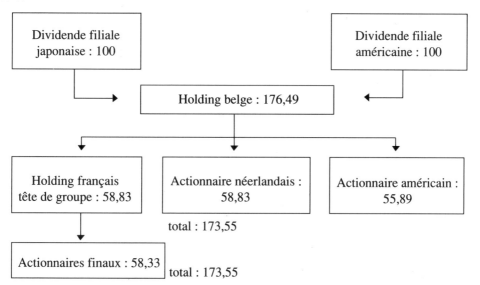

	Japon	Etats-Unis
Dividende distribué par la filiale étrangère	100	100
Retenue à la source vers le holding belge	(15)	(5)
Imposition au niveau du holding belge	(3,51)	
Disponible pour autofinancement au niveau du holding belge	176,49	

	Actionnaire français	Actionnaire néerlandais	Actionnaire américain
Dividende alloué	58,83	58,83	58,83
Retenue à la source	-	-	(2,94)
Net perçu	58,83	58,83	55,89
Revenu total pour les actionnaires finaux	173,55		

Chapitre 4

Description des régimes des différents holdings

1. LOCALISATION DE LA SOCIETE HOLDING DU GROUPE EN FRANCE

La localisation de la société holding du groupe en France est la localisation la plus naturelle, s'agissant d'un groupe multinational français. Elle peut, de plus, s'avérer favorable d'un point de vue fiscal.

Le régime français a connu en effet d'importantes améliorations récemment, notamment la suppression de la quote-part de frais et charges et l'introduction d'un régime spécial pour les holdings de participations étrangères.

Surtout, la possibilité de procéder à une déduction intégrale des frais financiers liés à l'acquisition des participations peut s'avérer un critère déterminant au moment de choisir un holding.

Enfin, pour les actionnaires finaux (surtout lorsque ceux-ci sont des résidents français), le recours à un holding français est, dans une perspective de redistribution, sans doute la solution la plus intéressante.

1. GENERALITES

1.1 Régime d'imposition

Le régime des holdings de droit commun (société mère et filiale) ainsi que celui des holdings de participations étrangères est applicable aux personnes morales ou organismes, quelle que soit leur nationalité, soumis de plein droit ou sur option à l'impôt sur les sociétés au taux normal sur tout ou partie de leur activité.

1.2 Taux d'imposition

Sont, en principe, imposables à l'impôt sur les sociétés en France uniquement, les bénéfices réalisés en France ou attribués à la France par une convention fiscale.

Ces bénéfices sont soumis à l'impôt au taux de 33 1/3 %.

Les dividendes sont, en revanche, exonérés de tout impôt, lorsque le régime société mère et filiale est applicable.

Les plus-values restent, elles, soumises au régime de droit commun.

1.3 Limitation du champ d'activité des holdings

Les holdings français de droit commun ne sont soumis à aucune contrainte en ce qui concerne le champ de leur activité.

En revanche, les holdings français de participations étrangères doivent avoir pour activité exclusive la gestion d'un portefeuille de titres de participations (hormis certaines activités annexes lorsqu'elles sont effectuées au seul profit du groupe).

1.4 Réseau conventionnel

Les holdings français de droit commun, de même que les holdings de participations étrangères, entrent de plein droit dans le champ d'application des conventions fiscales signées par la France.

Le réseau conventionnel français est très développé. Les cas où il n'existe pas de convention fiscale entre la France et le pays de résidence de la filiale versant les dividendes sont assez rares en pratique, étant donné le fait que la France est signataire de 80 conventions fiscales bilatérales, conventions signées avec les pays représentant les échanges les plus importants.

Il en résulte, en pratique, des taux de retenue à la source très réduits avec un nombre considérable de pays, ce qui peut s'avérer décisif, surtout pour un groupe ayant des filiales importantes hors de la CEE.

1.5 Droits d'enregistrement

Les droits d'enregistrement, bien que généralement d'un taux peu élevé, peuvent constituer un coût important lors de la création d'un holding, étant donné la base taxable, lorsqu'il s'agit de lui apporter les titres de multiples filiales. Nous avons volontairement limité notre analyse aux apports de titres, comme étant les plus représentatifs de la constitution d'un holding.

L'apport pourra être effectué soit à titre pur et simple, soit à titre onéreux.

Les apports à titre pur et simple sont ceux rémunérés par des droits sociaux.

Dans le cas d'un apport à titre onéreux, la rémunération de l'apport est soustraite aux risques sociaux, elle est ferme et définitivement acquise à l'apporteur. Il peut s'agir d'une rémunération en espèces ou bien encore de la prise en charge d'un passif incombant à l'apporteur. Un tel apport s'apparente fiscalement à une vente. A ce titre, il est soumis aux droits de mutation à titre onéreux correspondants (droit de 4,80 % sur les apports à titre onéreux de parts de SARL ou de SNC).

On analysera ci-après les droits applicables aux apports à titre pur et simple (i.e. rémunérés par des droits dans le capital du holding) portant sur des titres de sociétés (filiales apportées au holding).

Les apports à titre pur et simple de droits sociaux sont soumis, depuis le 1er janvier 1992 (en application de l'article 12 de la loi de finances pour 1992) à un simple droit fixe dont le montant est de 500 F depuis le 15 février 1992.

Ce droit s'est substitué à l'ancien droit proportionnel de 1 %.

1.6 Ratio endettement/capitaux propres

Deux limitations existent en France, susceptibles de s'opposer à la déductibilité des intérêts versés par une société française à son actionnaire (ou associé) :
- l'application d'un taux maximum, appelé "TMO" (taux moyen des obligations) ;
- la fixation d'un seuil d'endettement (égal à 150 % du capital) au-delà duquel les intérêts ne sont plus déductibles.

En pratique, ces limitations ne trouvent à s'appliquer que dans les seuls cas où les prêts sont faits par un actionnaire, et ne s'appliquent donc pas, par exemple, lorsqu'ils sont faits par une société soeur.

Elles ne s'appliquent pas lorsque l'actionnaire est une société mère (au sens du régime société mère et filiale). Selon l'administration, il doit s'agir d'une société mère française. Ainsi, lorsque le holding français sera détenu et financé par un holding étranger, il conviendra de tenir compte de ces limitations et de structurer l'endettement en conséquence.

2. REGIME D'IMPOSITION DES DIVIDENDES

Le régime d'imposition des dividendes est présenté dans l'ordre suivant :
- imposition lors du versement des dividendes par les filiales (françaises ou étrangères) au holding français ;
- imposition lors de la perception des dividendes par ce holding ;
- imposition lors du reversement par le holding aux actionnaires.

2.1 Imposition des dividendes lors de leur paiement par les filiales (françaises ou étrangères) au holding français

On doit distinguer ici les dividendes en fonction du pays de résidence de la société qui les verse. En effet, selon leur pays d'origine, certains dividendes ont déjà subi une retenue à la source, d'autres non.

Ils sont accompagnés, en fonction des conventions fiscales applicables, d'un crédit d'impôt plus ou moins important qui modifie corrélativement le poids de leur imposition au niveau de la société holding française.

2.1.1 Dividendes versés par une filiale française

Les dividendes distribués par les sociétés françaises échappent à toute imposition au niveau de la société distributrice, hormis le cas où les dividendes seraient soumis au précompte. Il importe donc, par une politique de distribution régulière, d'éviter autant que possible de voir la filiale soumise au précompte, dans la mesure où celui-ci peut, dans certains cas, conduire à un coût définitif.

En effet, une société distributrice doit, lorsque les dividendes versés proviennent de bénéfices qui n'ont pas été soumis à l'impôt sur les sociétés au taux normal ou lorsqu'ils proviennent de bénéfices d'exercices clos depuis plus de cinq ans, acquitter le précompte sur ces distributions, ce qui conduit à une double imposition à la source de ces dividendes (impôt sur les sociétés et précompte).

2.1.2 Dividendes versés par une filiale établie dans un Etat membre de la CEE

En principe, le holding français pourra percevoir en franchise de toute retenue à la source les dividendes qui lui seront versés par ses filiales européennes. Cela étant, des coûts indirects (non réglés par la Directive) pourraient néanmoins apparaître dans certains pays, comme par exemple en Grande Bretagne, en présence d'impôts de distribution particuliers (tel l'ACT, Advance Corporate Tax).

En application de la directive 90/435 relative au régime mère-fille au sein d'un groupe européen, les dividendes versés par une filiale d'un Etat de la CEE à une société mère résidente d'un autre Etat communautaire sont en principe exonérés de toute retenue à la source, sous réserve bien évidemment du respect du champ et des conditions d'application de la directive.

Cette directive est entrée en vigueur le 1er janvier 1992. Elle a fait l'objet de lois d'application dans la plupart des Etats de la CEE. La directive prévoit certaines options laissées à la discrétion des Etats (tel le taux minimum de détention permettant la qualification de sociétés mère-fille) dans certaines limites.

Le principe d'exonération de retenue à la source connaît cependant trois exceptions : l'Allemagne et la Grèce, pour des raisons liées à leur système d'impôt sur les sociétés et le Portugal, pour des raisons d'ordre économique. Les dérogations accordées à l'Allemagne et au Portugal sont néanmoins limitées dans le temps.

Pour bénéficier de l'exonération de retenue à la source sur les distributions intra-groupe, à la fois la filiale étrangère et sa société mère française doivent satisfaire à certaines conditions, les plus importantes étant :
- de revêtir une des formes énumérées à l'annexe de la directive. Cette liste correspond pour l'essentiel aux sociétés de capitaux ;
- d'être assujetties localement à l'impôt sur les sociétés. On notera immédiatement que cette condition n'a pas été reprise dans le dispositif français.

Pour que le lien entre les deux sociétés permette de les qualifier de société mère et fille au sens de la directive, la participation de la société mère dans le capital de la filiale doit s'élever à au moins 25 %.

Il faut noter que la directive laisse plusieurs possibilités d'option concernant l'appréciation de ce seuil de 25 %.

Il est en effet possible à un Etat membre :
- d'appliquer un seuil inférieur à 25 % ;
- de remplacer le critère de la participation dans le capital par celui de droit de vote ;
- ou encore de ne pas appliquer la directive aux sociétés qui ne conservent pas, pendant une période ininterrompue d'au moins deux ans une participation donnant droit à la qualité de société mère, ou aux sociétés dans lesquelles une société d'un autre Etat membre ne conserve pas pendant une période ininterrompue d'au moins deux ans une telle participation.

2.1.3 Dividendes versés par une filiale établie dans un Etat non CEE

Lorsque la filiale n'est pas établie dans un Etat de la CEE (ou ne remplit pas les critères de la Directive), une retenue plus ou moins importante sera prélevée à la source. En termes d'autofinancement, c'est là un coût définitif pour le holding français (sauf redistribution de ces dividendes par le holding français à ses actionnaires).

Le régime de retenue à la source applicable aux revenus provenant de filiales établies dans des Etats non membres de la CEE sera régi soit par la convention fiscale bilatérale existant le cas échéant entre chacun de ces pays et la France, soit par le droit interne de ces pays lorsqu'une telle convention fiscale n'existe pas.

Lorsqu'il existe une telle convention, la retenue à la source est généralement réduite à 5 %. Cette retenue vaut alors crédit d'impôt entre les mains de la société mère française. Cela étant, ce crédit d'impôt n'est utilisable qu'en cas de redistribution des dividendes par le holding à ses actionnaires, puisqu'il n'est imputable que sur le précompte dû en cas de redistribution de ces dividendes.

En l'absence de convention fiscale, l'Etat de source est en droit d'imposer les dividendes distribués sans limitation particulière. Aucun crédit d'impôt ne sera alors disponible en France.

2.2 Imposition des dividendes au niveau du holding

Les dividendes reçus par une société holding le sont, en principe, en franchise de tout impôt lorsque le holding détient plus de 10 % du capital de la société distributrice (ou une participation au prix de revient au moins égal à 150 MF). Cela étant, ce régime peut ne pas trouver à s'appliquer, soit parce que le taux de détention est inférieur à 10 %, soit par renonciation à ce régime. Afin de bien montrer ce qu'apporte le régime société mère, il convient de rappeler le régime applicable en droit commun.

2.2.1 L'imposition des dividendes en l'absence de tout régime spécial

En l'absence de tout régime spécial, les dividendes perçus par un holding français sont compris dans le bénéfice imposable à l'impôt sur les sociétés au taux de droit commun.

L'assiette du bénéfice imposable est alors composée du dividende net perçu et du crédit d'impôt qui y est éventuellement attaché, que ce crédit d'impôt corresponde à l'avoir fiscal français ou au crédit d'impôt attaché à un dividende de source étrangère en application des conventions fiscales.

Le bénéfice total ainsi reconstitué est soumis à l'impôt sur les sociétés (au taux de 33,33 % pour les bénéfices des exercices ouverts à partir du 1er janvier 1993).

Le crédit d'impôt vient s'imputer sur l'impôt dû.

Exemple

	Filiale française	Filiale étrangère
Dividende reçu	100	90
Avoir fiscal	50	
Crédit d'impôt étranger		10
Base imposable	250	
IS 33,33 %	83,33	
Crédit d'impôt	(60)	
IS payé	23,33	
Net après impôt	166,67	

Lorsque les dividendes perçus par le holding sont de source française, le régime de droit commun ne s'avère pas pénalisant par rapport au régime société mère filiale. En effet, le maintien de l'avoir fiscal à 50 % du dividende net distribué établit une parfaite neutralité :

	Imposition au taux plein	Société mère et filiale
Dividende	100	100
Avoir fiscal	50	50
Base imposable	150	0
Impôt théorique (33,33 %)	50	0
Crédit d'impôt	(50)	N/A
Impôt dû	0	0
	=	=

En revanche, le régime de droit commun s'avère moins favorable que le régime société mère filiale lorsque les dividendes perçus par la société holding française proviennent de filiales étrangères, ceux-ci étant accompagnés d'un crédit d'impôt inférieur à 50 % du dividende reçu.

L'exemple suivant illustre le cas d'un dividende étranger soumis à une retenue de 10 % dans l'Etat de source.

	Droit commun	Société mère et filiale
Dividende perçu	90	90
Crédit d'impôt	10	10
Base imposable	100	0
Impôt théorique	33,33	0
Crédit d'impô	(10)	N/A
Impôt dû	23,33	0
		=

Dès lors, il est clair qu'une société française n'aura jamais intérêt à faire renoncer son holding au régime société mère et filiale en présence de filiales établies hors de France.

2.2.2 L'imposition des dividendes dans le cadre du régime mère-fille

Le régime des sociétés-mères permet l'exonération totale des dividendes perçus par le holding et la transmission (en cas de redistribution des dividendes perçus) aux actionnaires du holding de l'avoir fiscal et autres crédits d'impôt attachés aux dividendes de source étrangère.

Conditions

Les conditions mises au bénéfice du régime société mère et filiale sont au nombre de trois :
- Les titres doivent être nominatifs ou déposés dans un établissement de crédit désigné par l'administration.
- Les titres de participation doivent représenter au moins 10 % du capital de la société émettrice ou avoir un prix de revient égal à au moins 150 millions de francs.

  Le prix de revient et le pourcentage s'apprécient à la date de mise en paiement des produits de la participation, et non pas à la date de décision de la distribution.
- Les titres de participation doivent avoir été souscrits à l'émission. A défaut, la personne morale participante doit avoir pris l'engagement de les conserver pendant un délai de deux ans.

Portée du régime

Le régime mère-fille allège considérablement l'imposition des dividendes perçus par cette dernière.

En effet, les dividendes provenant de participations entrant dans le champ du régime des sociétés-mères sont admis en déduction des bénéfices imposables, en application de l'article 216 du Code Général des Impôts.

Etait cependant défalquée de cette déduction une quote-part pour frais et charges, cette quote-part étant fixée à 5% du produit total des participations, crédit d'impôt compris.

Cette quote-part de frais et charges, que réintégraient traditionnellement les entreprises, est supprimée pour tout exercice ouvert à partir du 1er janvier 1993.

La charge fiscale supportée par les dividendes avant la phase de redistribution (qu'ils soient de source française ou étrangère) peut donc être schématisée de la façon suivante.

Exemple

	Filiale française	Filiale étrangère
Dividende reçu	100	90
Avoir fiscal	50	
Crédit d'impôt étranger		10
Base imposable		-
IS 33,33 %		-
Crédit d'impôt imputable		0
IS		-
Net après impôt		190
Avoir fiscal et crédits d'impôt disponibles pour imputation sur précompte en cas de redistribution		60

2.3 Imposition des dividendes lors de leur redistribution par le holding français à ses actionnaires

2.3.1 Précompte

2.3.1.1 Redistribution des dividendes ayant été taxés normalement

La redistribution des dividendes perçus par le holding, en l'absence de régime fiscal spécial, s'effectue dans les mêmes conditions qu'une distribution classique de bénéfices réalisée par une société soumise à l'impôt sur les sociétés.

Elle est, en principe, accompagnée de l'avoir fiscal et est soumise au précompte dans la mesure où les dividendes distribués correspondent à des bénéfices n'ayant pas été soumis à l'impôt sur les sociétés au taux normal ou proviennent d'un exercice clos depuis plus de cinq ans.

S'agissant ici par hypothèse de dividendes ayant été imposés au taux de droit commun, leur redistribution n'est pas soumise au précompte.

Ici encore, on peut comparer la situation de droit commun avec celle qui aurait prévalu en application du régime société mère et filiale.

Le calcul suivant illustre le fait que les régimes sont aujourd'hui équivalents en cas de redistribution :

	Droit commun	Société mère et filiale
Dividende reçu	100	100
Avoir fiscal	50	50
Base imposable	150	-
Impôt sur les sociétés	50	-
Précompte	-	50
Crédit d'impôt	(50)	(50)
Impôt dû	0	0
Distribuable	100	100
Avoir fiscal pour l'actionnaire	50	50

Dans le cas de dividendes de source étrangère, il a été montré plus haut l'intérêt qu'il y avait à placer les dividendes reçus sous le régime société mère et filiale. En cas de redistribution, cet intérêt disparaît, comme le montre l'exemple suivant.

	Droit commun	Régime société mère et filiale
Dividende reçu	90	90
Crédit d'impôt	10	10
Base imposable	100	-
Impôt sur les sociétés	33,33	-
Précompte	-	33,33
Crédit d'impôt	(10)	(10)
Impôt dû	23,33	23,33
Net perçu	66,67	66,67
Avoir fiscal pour l'actionnaire	33,33	33,33

Il n'en reste pas moins qu'il apparaîtra préférable généralement d'assujettir les dividendes de source étrangère au régime société mère et filiale. D'une part, une telle solution permettra généralement une économie de trésorerie ; d'autre part, la neutralité décrite ci-dessus n'est atteinte qu'en cas de redistribution intégrale. Or le principe d'une telle redistribution n'est pas nécessairement arrêté dès le début, ni la redistribution obligatoirement intégrale.

2.3.1.2 Redistribution de dividendes reçus en franchise d'impôt

Les dividendes distribués par le holding sont en principe soumis au précompte, en application du régime de droit commun codifié à l'article 223 sexies du Code Général des Impôts. En effet, ils proviennent des produits (en l'occurrence les dividendes perçus) qui n'ont pas été soumis à l'impôt sur les sociétés au taux normal.

Cependant, afin de ne pas annuler l'effet de l'allégement fiscal dont a bénéficié la société holding, cette dernière est autorisée à imputer les avoirs fiscaux et crédits d'impôt dont elle dispose sur le précompte.

L'imputation des crédits d'impôt et avoirs fiscaux sur le précompte est cependant limitée dans le temps, puisqu'elle ne peut être exercée que pour les produits de participations redistribués au cours de l'un des cinq exercices suivant celui de leur encaissement.

Sous cette réserve, le holding peut donc imputer sur le précompte dont il est redevable :
- l'avoir fiscal de 50 % attaché aux produits des filiales françaises ;
- les autres crédits d'impôt résultant de l'impôt prélevé sur les dividendes versés dans l'Etat de la source de ces dividendes dans les conditions prévues par les conventions fiscales.

2.3.1.3 Redistribution de dividendes par un holding de participations étrangères

En application du régime des holdings de participations étrangères, les redistributions effectuées par des sociétés qui ont pour objet prépondérant la gestion de participations étrangères sont exonérées de précompte. Bien évidemment, aucun avoir fiscal n'est attaché à de telles distributions.

Pour entrer dans le champ d'application de ce régime, le holding doit remplir les conditions suivantes :
- avoir au moins les deux tiers de son actif immobilisé composé de participations étrangères ouvrant droit au régime des sociétés mère et filiale ;
- retirer de ces participations étrangères les deux tiers au moins de son bénéfice comptable hors plus-values ;
- avoir pour activité exclusive la gestion d'un portefeuille de titres de participations.

2.3.2 Retenue à la source

Lorsque le holding français distribue des dividendes à des bénéficiaires non-résidents, une retenue à la source peut être due. Plusieurs remarques doivent être faites à ce niveau.

D'abord, la notion de dividende doit ici s'entendre au sens large. La restitution d'un précompte éventuel donne également lieu à la perception d'une retenue. Ainsi, en cas de distribution d'un dividende entièrement soumis à précompte, l'entreprise distributrice acquittera un précompte de 33,33 ainsi qu'une retenue à la source de 5 % (par exemple) sur le dividende net, i.e. 66,66, soit 5 % x 66,66 = 3,33.

Le bénéficiaire percevra ainsi un dividende brut égal au dividende net (66,66 - 3,33 = 63,33) augmenté du précompte net (33,33 x 95 % = 31,67) soit au total 95 (63,33 + 31,67). Le remboursement du précompte reste donc parfaitement neutre par rapport au mécanisme de la retenue à la source.

Ensuite, en cas de redistribution au bénéfice d'un actionnaire CEE remplissant les conditions de la directive CEE sur les dividendes intra-groupe, aucune retenue à la source ne frappera la distribution, ni d'ailleurs un éventuel remboursement de précompte.

Enfin, une particularité significative du régime français consiste en la possibilité de procéder à une imputation des retenues à la source "d'entrée" sur les retenues à la source "de sortie".

Cette solution est particulièrement avantageuse lorsqu'à la fois les filiales et l'actionnaire sont non CEE. C'est le cas, par exemple, d'un groupe américain possédant des filiales dans des Etats africains, avec lesquels la France possède d'ailleurs un réseau conventionnel particulièrement étendu.

Supposons que les dividendes subissent une retenue à la source "d'entrée" de 10 % et une retenue à la source "de sortie" de 5 %.

Dividende brut		100
Retenue à la source		(10)
Dividende net	90	
Précompte théorique :	33,33	
Crédit d'impôt	(10)	
Précompte dû	23,33	(23,33)
Retenue à la source théorique	3,33	
Crédit d'impôt	10	
Retenue à la source due	0	0
Remboursement de précompte (95 % x 23,33)	22,16	22,16
Net perçu par l'actionnaire américain		88,83
Le prélèvement effectif en France s'élève à	1,17	

3. REGIME DES PLUS-VALUES

Les plus-values de cession de participations bénéficient de l'application du taux réduit de 18 % lorsqu'elles sont détenues depuis plus de deux ans.

Sinon, elles sont imposables au taux de droit commun de l'impôt sur les sociétés, i.e. 33 1/3 %. Selon la durée de détention des participations, les moins-values sont déductibles soit du bénéfice imposable, au taux normal, du holding (titres détenus depuis moins de deux ans), soit des plus-values à long terme (titres détenus depuis plus de deux ans).

2. LOCALISATION DE LA SOCIETE HOLDING DU GROUPE EN BELGIQUE

Le régime actuel des holdings belges, qui s'inspire fortement de la directive CEE sur les dividendes intra-groupe sans toutefois y faire explicitement référence, est issu d'une loi du 23 octobre 1991.

En effet, en 1991, lors de la mise en place de la directive européenne du 23 juillet 1990, le législateur belge ne s'est pas contenté de mettre en place la directive.

Il a accompagné cette réforme de la mise en place d'un nouveau régime fiscal de holding qui, largement attractif, dépasse le cadre de la directive.

Ce régime se caractérise par une grande souplesse (pas de pourcentage minimal pour bénéficier de l'exonération des dividendes et des plus-values). L'investisseur devra toutefois bien mesurer la portée et les limites des exonérations en cas de holdings mixtes.

1. GENERALITES

1.1 Régime d'imposition

Les holdings belges sont des sociétés soumises au régime normal d'imposition des sociétés.

Les règles qui subordonnent l'application du barème réduit d'impôt des sociétés en-deçà de 13 MF B au respect de certaines normes concernant le contrôle de la société sont aussi applicables aux sociétés holding.

1.2 Barème de l'impôt des sociétés

Le taux normal d'impôt belge des sociétés applicable aux revenus déclarés en 1993 est de 39 %.

1.3 Limitation du champ d'activité du holding

Il n'y a aucune limitation particulière du champ d'activité des holdings situés en Belgique.

1.4 Réseau conventionnel

Les sociétés holding entrent normalement dans le champ d'application des conventions fiscales internationales signées par la Belgique.

La Belgique avait signé en avril 1992, 44 conventions fiscales bilatérales dont 43 étaient en vigueur. D'autre part, cinq autres conventions fiscales (avec le Bénin, l'Ile Maurice, le Kenya, l'Ouganda et la Tanzanie) étaient en cours de négociation.

1.5 Droits d'enregistrement

Un droit d'apport de 0,5 % est dû lors de la constitution de sociétés civiles ou commerciales ayant leur siège de direction effective en Belgique.

Le même droit est dû lors d'une augmentation de capital par apports nouveaux ou par incorporation de réserves.

Les droits acquittés sont déductibles du bénéfice imposable.

1.6 Ratio dettes/capitaux propres

Aucune disposition visant à limiter la sous capitalisation n'est applicable en Belgique. Les intérêts pourront dès lors être déduits sans limite particulière.

2. IMPOSITION DES DIVIDENDES
2.1 Imposition des dividendes lors de leur paiement par des filiales (belges ou autres) au holding belge

Le régime fiscal varie en fonction de l'Etat où est située la filiale distributrice des dividendes.

2.1.1 Dividendes distribués par une filiale belge

Le holding belge pourra (à certaines conditions) percevoir sans retenue à la source les dividendes qui lui seront versés par une filiale belge.

En effet, si les dividendes versés par une société belge sont, en principe, soumis à un précompte mobilier de 25 %, depuis le 25 octobre 1991, afin de ne pas pénaliser les filiales belges par rapport aux filiales membres d'autres pays de la CEE auxquelles s'applique la directive mère-fille, les dividendes sont exonérés de précompte si les conditions suivantes sont remplies :
- la participation de la société bénéficiaire des dividendes s'élève à 25 % ;
- la participation est détenue depuis au moins un an sans discontinuité à la date de distribution des dividendes.

2.1.2 Dividendes distribués par une filiale située dans un pays de la Communauté européenne autre que la Belgique

Aucun coût financier ne devrait être lié à la remontée des dividendes des filiales CEE vers le holding belge.

En effet, ces dividendes sont normalement exonérés de retenue à la source dans le pays d'origine en application de la directive mère-fille, sous réserve du respect des conditions d'application de ce régime (cf. localisation de la société holding du groupe en France, § 2.12).

2.1.3 Dividendes distribués par une filiale hors CEE

Ici, la remontée aura un coût définitif correspondant aux retenues perçues dans les Etats de source (faute de pouvoir imputer de telles retenues sur leur impôt de distribution susceptible de valoir lui-même crédit d'impôt entre les mains de l'actionnaire du holding belge).

La retenue à la source applicable aux dividendes versés par une société étrangère hors CEE dépend de la convention fiscale applicable.

Lorsque les dividendes proviennent d'une filiale située dans un Etat avec lequel aucune convention fiscale n'est applicable, c'est le droit interne de l'Etat où est située la filiale distributrice qui trouve à s'appliquer, à un taux qui peut être significatif. Il conviendra de vérifier les taux applicables pour mieux mesurer l'impact financier.

2.2 Imposition des dividendes au niveau de la société holding belge
2.2.1 Contenu du régime

Le régime d'exonération instauré par la loi du 20 octobre 1991 permet une déduction de la base imposable à l'impôt sur les sociétés de 95 % des dividendes reçus.

Les charges liées à l'acquisition et à la détention des participations ne sont, en principe, déductibles **qu'à hauteur de la base imposable constituée par les dividendes perçus, i.e. 5 % des dividendes.**

La déduction des charges financières est cependant limitée et ne doit pas excéder un taux fixé par Décret Royal plus 3 %.

Aucun crédit d'impôt n'est accordé au titre des retenues à la source étrangères. Parallèlement, ces crédits n'entrent pas dans la base imposable de la société holding belge.

2.2.2 Conditions d'application du régime

Les conditions d'application du régime belge sont très souples. Aucun pourcentage minimum de détention n'est exigé ni aucune durée minimum de détention des titres.

La seule limitation est un dispositif anti-abus.

L'application de ce régime suppose que la société distributrice soit soumise à l'impôt belge sur les sociétés ou à un impôt étranger équivalent.

Ainsi, l'administration belge refuse d'accorder l'exonération des dividendes lorsque :
- la filiale qui verse les dividendes est située dans un pays à fiscalité privilégiée ;
- la filiale bénéficie d'un régime dérogatoire prévoyant une exonération totale ou partielle de ses bénéfices. Sont concernées notamment les sociétés holding bénéficiant d'un régime d'exonération des dividendes. Cependant, l'administration belge autorise l'exonération des dividendes versés par un holding intermédiaire bénéficiant d'un régime fiscal particulier lorsque ces dividendes résultent de la redistribution de dividendes versés par des filiales n'entrant pas dans le champ des dispositions anti-abus.

Cette application des dispositions anti-abus ne s'oppose donc pas à l'utilisation d'un holding belge et d'un sous-holding bénéficiant d'un régime d'exonération des dividendes ;
- la filiale étrangère est un fonds commun de placement ;
- la filiale étrangère distribue des dividendes en provenance de ses filiales qui n'auraient pas bénéficié de l'exonération fiscale s'ils avaient été perçus directement par la société holding belge.

2.2.3 La procédure de ruling

Afin de s'assurer de l'exonération des dividendes versés à la société holding belge, une procédure de ruling est applicable depuis le 1er janvier 1993.

Elle permet d'obtenir, sur demande, une confirmation a priori du régime fiscal applicable.

Une telle procédure est particulièrement intéressante dès lors qu'elle permet à l'investisseur d'être fixé dès le début sur le régime fiscal qui sera applicable au holding belge.

3. REGIME DES PLUS-VALUES

Les plus-values réalisées lors de cession d'une participation par une société holding belge sont exonérées si les conditions d'exonération des dividendes (cf. 2.22) sont réunies au moment de la réalisation de la plus-value.

Aucune condition supplémentaire de réinvestissement de la plus-value ou de mise en réserve n'est requise.

Cette exonération s'applique ainsi bien aux plus-values réalisées lors de cession qu'aux plus-values réalisées lors d'échange ou d'apport de participations.

Si la participation cédée a, au préalable, fait l'objet d'une dépréciation, la plus-value est imposable au taux de droit commun à hauteur du montant déprécié et exonérée dans les mêmes conditions que susmentionnées au-delà.

Parallèlement à cette exonération, les moins-values éventuellement constatées ne sont, en principe, pas déductibles, sauf en cas de liquidation (sous certaines conditions).

3. LOCALISATION DE LA SOCIETE HOLDING DU GROUPE AU LUXEMBOURG

On rappelle ici uniquement le régime des Sociétés Commerciales de Participations Financières (SOPARFI), tel qu'il a été introduit par un règlement Grand Ducal du 24 décembre 1990, à l'exclusion des holdings "1929".

Ces derniers ne peuvent en effet bénéficier de l'application des conventions internationales et de la directive mère-fille européenne. De plus, la nature de leur activité est strictement limitée par la loi qui les régit. Leur utilisation potentielle au sein d'un groupe international est donc fortement limitée.

Les SOPARFI, en revanche, bénéficient de l'intégralité des conventions signées par le Luxembourg et s'avèrent de fait une alternative très intéressante.

1. GENERALITES

1.1 Régime d'imposition

Les SOPARFI sont des sociétés luxembourgeoises ordinaires. Elles sont soumises à l'impôt sur les sociétés de droit commun.

1.2 Taux d'imposition

Les sociétés résidentes fiscales du Luxembourg sont, en principe, imposables sur l'ensemble de leurs revenus mondiaux.

Le taux global résultant de l'impôt sur les sociétés et des diverses impositions ne dépasse pas 39,39 %.

1.3 Limitation du champ d'activité de la SOPARFI

Les SOPARFI ne sont soumises à aucune limitation concernant leur champ d'activité (à la différence des holdings "1929").

1.4 Réseau conventionnel

Les SOPARFI bénéficient de la totalité des conventions fiscales signées par le Luxembourg.

En avril 1992, le Luxembourg avait signé 21 conventions fiscales bilatérales, dont 19 étaient en vigueur. Des conventions fiscales étaient en cours de négociation avec la Grèce, le Japon, le Portugal, Singapour, la Suisse et les Etats de l'ex-URSS.

1.5 Droits d'enregistrement

Un droit d'apport de 1 % est dû lors de la constitution de société ou lors d'augmentations de capital sans incorporation de réserves.

Les augmentations de capital par incorporation de réserves ne sont soumises qu'au droit fixe de 100 F Lux.

Toutefois, en application de la directive communautaire sur les fusions, les apports de branches d'activité, les fusions de sociétés ou les transferts peuvent échapper à cette imposition.

1.6 Ratio dettes/capitaux propres

A l'inverse des holdings "1929", aucun ratio n'est formellement imposé aux SOPARFI. Il semble cependant préférable de respecter un ratio minimum de 10 ou 20 % du total des actifs.

2. IMPOSITION DES DIVIDENDES

2.1 Imposition des dividendes lors de leur paiement par les filiales au holding

Le prélèvement sur les dividendes distribués à la SOPARFI varie en fonction des Etats où sont situées les filiales distributrices.

On peut distinguer à ce propos trois cas de figure :

2.1.1 Imposition en amont des dividendes distribués par une filiale luxembourgeoise à la SOPARFI

Les dividendes versés par une société de capitaux luxembourgeoise sont, en principe, soumis à une retenue à la source de 15 % du montant brut.

Il est cependant possible d'éviter une telle retenue à la source.

En effet, aucune retenue à la source n'est prélevée si les conditions d'application du régime luxembourgeois de sociétés mère et filiale sont réunies.

Afin de satisfaire ces conditions, la SOPARFI doit détenir au moins 10 % du capital de la filiale ou une participation dont le prix d'acquisition est d'au moins 50 millions de Francs luxembourgeois.

Les titres de la filiale luxembourgeoise doivent être détenus pendant une période ininterrompue de douze mois avant la clôture de l'exercice au cours duquel intervient la distribution.

2.1.2 Imposition en amont des dividendes distribués par une filiale située dans un autre pays de la CEE à la SOPARFI

Aucun coût ne devrait être supporté ici lorsque les sociétés de distribution sont situées dans la CEE.

Les dividendes sont normalement exonérés de retenue à la source en application de la directive CEE sur les sociétés mère et filiales si les conditions d'application de ce régime sont réunies (cf. localisation de la société holding du groupe en France, § 2.12).

2.1.3 Dividendes distribués par des filiales hors CEE

Dans cette hypothèse, un coût financier correspondant aux retenues à la source sera supporté par le holding.

En effet, le régime applicable à ces dividendes varie en fonction de la convention fiscale applicable (cf. 1.4), avec des taux de retenue à la source s'élevant le plus souvent à 5%.

Lorsqu'aucune convention fiscale n'est applicable, le régime fiscal est fixé par le droit interne du pays où est située la filiale distributrice, à un taux qui peut s'avérer substantiel. L'existence de conventions devra être vérifiée afin d'éviter, ou du moins de limiter, le coût des retenues.

2.2 Imposition des dividendes au niveau de la SOPARFI

2.2.1 Description du régime

Les SOPARFI sont soumises au régime d'imposition des bénéfices des sociétés de droit commun (cf. 1.1 s.).

Cependant, les dividendes perçus par les SOPARFI sont, sous réserve du respect des conditions d'application du régime, totalement exonérés d'impôt sur les sociétés.

Le crédit d'impôt étranger accordé au titre des retenues à la source étrangères sur les dividendes n'est donc jamais imputable.

D'une part, les frais de gestion des participations de la SOPARFI ne sont pas déductibles.

D'autre part, les intérêts relatifs à des emprunts contractés par une SOPARFI afin d'acquérir des participations supérieures à 10 % dans le capital d'autres sociétés résidentes ou non-résidentes ne sont pas, en principe, déductibles. Cependant, le Conseil d'Etat luxembourgeois considère que les intérêts d'emprunts contractés pour l'acquisition de participations donnant lieu à des revenus exonérés peuvent être déduits pour leur part qui excède les produits de ces participations.

Les pertes fiscales sont reportables sans limitation de durée.

2.2.2 Conditions d'application du régime

Le bénéfice du régime d'exonération des dividendes perçus est soumis au respect de plusieurs conditions :

- la SOPARFI doit détenir au moins 10 % du capital de la filiale distributrice ou, si ce taux n'est pas atteint, une participation dont le coût d'acquisition est d'au moins 50 millions de F. Lux. ;
- la participation doit avoir été détenue pendant au moins 12 mois consécutifs avant la fin de l'exercice de distribution ;
- la filiale doit être soumise à l'impôt luxembourgeoise au taux normal si elle est résidente ou, si elle n'est pas résidente, être soumise dans son pays de résidence à un impôt équivalent à l'impôt luxembourgeois. En pratique, le taux de l'impôt étranger doit être d'au moins 15 %.

Aucune procédure formelle de ruling ne permet de valider, *a priori,* un schéma fiscal éventuel.

2.3 Imposition des dividendes lors de la redistribution par la SOPARFI

2.3.1 Redistribution au profit d'une société française (ou située dans un autre pays de la CEE)

La distribution de dividendes par une SOPARFI à sa société mère résidant dans un Etat membre de la CEE ne donne lieu à l'application d'aucune retenue à la source depuis le 1er janvier 1991 si les conditions suivantes sont respectées :

- la société mère doit être soumise dans son Etat de résidence à l'impôt sur le revenu sans possibilité d'option ou d'exonération ;
- la participation de la société mère dans la SOPARFI doit avoir été d'au moins 25 % pendant au moins 2 années consécutives avant la distribution des dividendes.

2.3.2 Redistribution au profit d'une société hors CEE

Le taux de retenue à la source qui est normalement de 15 % varie entre 2,5 et 10 % dans le cadre des conventions fiscales applicables entre le Luxembourg et le pays où est située la société bénéficiant de la distribution des dividendes.

3. REGIME DES PLUS-VALUES ET MOINS-VALUES

Lorsqu'une SOPARFI détient une participation supérieure à 25 % ou représentant plus de 250 MF Lux., les plus-values réalisées sur cette participation sont en principe exonérées, sous réserve du respect des conditions suivantes :

• **Forme des sociétés**

La société mère doit être une société résidente fiscale luxembourgeoise soumise à l'impôt sur les sociétés (condition remplie dans le cas des SOPARFI).

La société dans laquelle la SOPARFI détient une participation doit être, soit un résident fiscal luxembourgeois soumis à l'impôt sur les sociétés, soit un non-résident fiscal soumis à un impôt équivalent, d'au moins 15 % dans les faits (condition nécessaire à l'exonération des dividendes).

• **Durée de détention**

La participation doit être détenue depuis au moins 12 mois au début de l'année pendant laquelle la plus-value est réalisée.

Il n'y a pas de conditions particulières quant au réinvestissement de la plus-value.

La plus-value n'a pas à être comptabilisée dans une réserve spéciale.

La part de la plus-value exonérée est cependant réduite :
- des charges et provisions pour dépréciation, afférentes à la participation concernée, préalablement déduites du bénéfice imposable ;
- des moins-values constatées les années précédentes.

Les moins-values sont, quant à elles, pleinement déductibles du bénéfice imposable.

4. LOCALISATION DE LA SOCIETE HOLDING DU GROUPE AUX PAYS-BAS

De nombreux groupes recourent à une société holding aux Pays-Bas, y compris les groupes multinationaux français, même si cette localisation n'est pas, *a priori*, la plus naturelle. Leur régime d'exemption des dividendes et des plus-values, mis en place depuis longtemps, est utilisé par de nombreux groupes. Cette localisation peut, en effet, si le groupe concerné présente certaines caractéristiques, être particulièrement favorable.

Cette localisation est particulièrement attrayante par le confort que représente la procédure du "ruling" permettant de connaître, *a priori*, la charge fiscale qui pèsera sur la future société néerlandaise.

Enfin, le moindre atout n'est pas la souplesse juridique que permet le système néerlandais.

1. GENERALITES
1.1 Régime d'imposition
Les holdings néerlandais sont soumis au régime normal d'imposition des sociétés sauf en ce qui concerne le régime société mère et filiale, qui permet d'exclure toute imposition s'agissant des dividendes et des plus-values réalisées par un holding.

1.2 Barème d'imposition
Les sociétés résidentes fiscales des Pays-Bas sont, en principe, imposées sur leurs bénéfices mondiaux.

1.3 Limitation du champ d'activité de la société holding
Les sociétés holding localisées aux Pays-Bas ne subissent aucune limitation quant à leur champ d'activité.

1.4 Réseau conventionnel
Les sociétés holding néerlandaises bénéficient pleinement des conventions fiscales signées par les Pays-Bas.

Ceci est d'autant plus important que le réseau conventionnel néerlandais est assez développé. En effet, en avril 1992, les Pays-Bas avaient signé 51 conventions fiscales bilatérales, dont 48 étaient en vigueur. D'autre part, des conventions fiscales étaient en cours de négociation avec le Bangladesh, le Chili, le Mexique, le Portugal et la Tunisie.

1.5 Droits d'enregistrement
Les apports faits au capital des sociétés de capitaux lors de leur constitution ou à l'occasion d'une augmentation de capital sont, en principe, soumis à un droit d'apport de 1 % sur la valeur de l'apport diminué des frais ou charges, sans toutefois que cette valeur puisse être inférieure à la valeur nominale des actions émises en contrepartie.

Les apports ouvrent droit au paiement de l'impôt quelle que soit la forme sous laquelle ils sont effectués (apports en nature, en numéraire).

Il est important de souligner, toutefois, que des règles particulières (conduisant le cas échéant à une exonération partielle ou totale des droits) sont applicables aux opérations réalisées dans le cadre de certains types de réorganisations, notamment les apports portant sur des participations excédant 75 % du capital de la société dont les titres sont apportés.

Le droit d'apport est généralement déductible du bénéfice imposable à l'impôt sur les sociétés, sauf précisément lorsqu'il porte sur des opérations liées à l'acquisition ou à la détention d'une participation dans une filiale étrangère.

1.6 Ratio dettes/fonds propres

Il n'existe pas aux Pays-Bas de règle générale visant à limiter la sous-capitalisation des sociétés.

Cela étant, la possibilité pour une société holding d'obtenir un ruling est cependant subordonnée au financement de ses participations à hauteur d'au moins 15 % par des fonds propres et non par des emprunts.

2. IMPOSITION DES DIVIDENDES

2.1 Imposition des dividendes lors de leur paiement par les filiales au holding néerlandais

On peut distinguer à ce niveau les filiales localisées aux Pays-Bas, les filiales situées dans d'autres pays de la CEE (en particulier en France) et les filiales situées hors CEE.

2.1.1 Dividendes versés par une filiale néerlandaise

De tels dividendes sont, en principe, appréhendés sans coût financier par le holding néerlandais.

En effet, si une retenue à la source de 25 % est normalement prélevée sur toutes les distributions de bénéfices faites par des sociétés de capitaux néerlandaises, cette retenue à la source n'est pas applicable dès lors que la société holding bénéficiaire remplit les conditions nécessaires pour bénéficier du régime dit de la "participation-exemption" (cf. description des conditions § 2.21). C'est pourquoi, en pratique, il n'y a pas de retenue à la source.

2.1.2 Dividendes versés par une filiale située dans un autre pays de la CEE

De tels dividendes devraient pouvoir être appréhendés sans coût pour le holding néerlandais. En effet, en application de la directive européenne, ces dividendes devraient être exonérés de toute retenue à la source, sous réserve du respect du champ d'application et des conditions d'application de la directive (cf. localisation de la société holding du groupe en France, § 2.12).

2.1.3 Dividendes versés par une filiale située hors CEE

Les holdings des Pays-Bas bénéficiant du régime de "participation-exemption" entrent dans le champ d'application de l'ensemble des conventions fiscales signées par les Pays-Bas.

Ces conventions fixent le régime applicable aux dividendes versés par les filiales situées dans les pays signataires, et, plus précisément, le taux de retenue à la source applicable aux dividendes. Ce taux sera généralement de 5 % en cas de participation "majoritaire".

En l'absence de convention fiscale en vigueur, l'Etat de source est en droit d'imposer les dividendes sans limitation particulière, ce qui peut conduire à un coût significatif, dans la mesure où ces retenues subies par un holding néerlandais sont de manière générale à considérer comme un coût définitif.

2.2 Imposition des dividendes au niveau de la société holding néerlandaise

La société holding néerlandaise bénéficie d'une exonération d'imposition sur les dividendes reçus des filiales tant néerlandaises qu'étrangères, si les conditions d'application du régime dit de "participation-exemption" sont satisfaites. En revanche, aucun crédit d'impôt ne peut lui être accordé au titre des retenues à la source étrangères si elle bénéficie de ce régime de "participation exemption".

Les participations que détient la société holding néerlandaise dans les filiales doivent satisfaire plusieurs conditions pour que ce régime soit applicable.

On peut distinguer parmi ces conditions deux catégories, celles applicables à toutes les filiales, qu'elles soient néerlandaises ou étrangères, et celles applicables uniquement aux filiales étrangères.

2.2.1 Conditions d'application du régime de "participation-exemption" concernant chaque filiale de la société holding néerlandaise

Ces conditions sont au nombre de deux :
- la société holding néerlandaise doit détenir au minimum 5 % du capital de la filiale versant des dividendes.

Ce seuil s'apprécie en prenant en compte les parts ou actions de toute catégorie, c'est-à-dire non seulement les actions ordinaires, mais aussi notamment les actions à dividende prioritaire ;
- la participation que détient la société holding dans la filiale ne doit pas, d'autre part, faire partie des stocks ou de l'actif circulant de la société mère.

Cette seconde condition ne devrait pas, en pratique, trouver à s'appliquer concernant les participations détenues dans des filiales ayant une activité économique réelle, même dans l'hypothèse où la société holding a pour activité l'achat et la revente de participations.

2.2.2 Conditions spécifiques applicables aux participations dans des filiales étrangères

Deux conditions viennent s'ajouter aux précédentes, s'agissant des participations détenues par une société holding néerlandaise dans des filiales étrangères.
- La participation ne doit, en principe, pas constituer un simple investissement de portefeuille.

Pour respecter cette condition, la société holding doit remplir des fonctions essentielles à l'activité des sociétés du groupe auquel elle appartient. Sont notamment considérées comme des fonctions essentielles, les fonctions de direction générale, de gestion fiscale ou prévisionnelle, ou encore le développement d'activités financières au service des sociétés du groupe.

Depuis le 1er janvier 1992, la société holding néerlandaise, que ce soit une NV ou une BV, peut néanmoins bénéficier du régime de la "participation-exemption" même si elle ne remplit pas cette condition relative à la notion de portefeuille, si les quatre conditions suivantes sont en revanche satisfaites :
• la filiale doit être une société entrant dans la catégorie de celles énumérées en annexe de la directive CEE relative au régime des sociétés mères et filiales ;

- la société néerlandaise doit détenir 25 % au moins du capital libéré de la filiale ;
- la filiale doit être une société résidente d'un Etat membre de la CEE (autre que les Pays-Bas) ;
- la filiale doit être soumise à l'impôt dans son pays de résidence. Cet assujettissement à l'impôt doit être sans possibilité d'option et relever du régime de droit commun ;

- La société distributrice doit être soumise à un impôt sur les bénéfices de niveau national dans le pays où elle a son siège. Ainsi, il suffit qu'elle soit soumise à l'impôt sur les bénéfices, sans pour autant qu'elle en ait effectivement supporté la charge. La filiale étrangère peut bénéficier d'un régime de faveur résultant, soit d'un régime de droit commun, soit d'un agrément fiscal.

2.3 Redistribution des dividendes par la société holding néerlandaise

Le régime applicable aux dividendes versés par la société holding néerlandaise dépend du pays où est située la société bénéficiaire.

La retenue à la source dépend de la convention fiscale en vigueur entre la pays où est située la société bénéficiaire et les Pays-Bas. En l'absence de convention fiscale applicable, la retenue à la source est fixée par le droit interne néerlandais.

Concernant les sociétés bénéficiaires situées dans des pays membres de la CEE, il convient de faire application de la directive relative au régime mère-fille.

3. PRODUITS DE CESSION DES PARTICIPATIONS DETENUES PAR LE HOLDING

3.1 Régime d'imposition des plus-values

Les plus-values provenant de participations pour lesquelles le régime de "participation-exemption" s'applique (cf. conditions § 2.2) sont exonérées.

Cette exonération n'est pas subordonnée à la constitution d'une réserve spéciale.

3.2 Régime d'imposition des moins-values

Parallèlement à l'exonération des plus-values, les moins-values ne sont pas, en principe, déductibles.

Il n'est pas possible non plus, pour le holding, de déprécier certaines participations dans le cas où les filiales correspondantes seraient déficitaires.

Seules les moins-values résultant de la liquidation d'une filiale peuvent être déduites, à condition qu'il s'agisse d'une filiale étrangère, que la participation détenue par le holding ait été au moins égale à 25 % du capital de la filiale et qu'elle ait été détenue pendant au moins 5 ans à la date de la liquidation.

Achevé d'imprimer par Corlet, Imprimeur, S.A. - 14110 Condé-sur-Noireau (France)
N° d'Imprimeur : 2908 - Dépôt légal : février 1994 - *Imprimé en C.E.E.*